RENUÉVAME

DAVID GRECO

BETANIA

Un Sello de Editorial Caribe

© **1995 EDITORIAL CARIBE**
A division of Thomas Nelson
P.O. Box 141000
Nashville, TN 37214-1000

Betania es un sello de Editorial Caribe,
una división de Thomas Nelson, Inc.

ISBN: 0-88113-380-9 Edición regular
ISBN: 0-88113-307-8 Edición especial
ISBN: 0-88113-386-8 Audiolibro

2da edición

Impreso en EE.UU.
Printed in the U.S.A.

DEDICATORIA

A mi finada abuela paterna,
la hermana Vicenta de Greco,
poderosa mujer de Dios, mujer de sufrimientos,
mujer victoriosa.

A mi finado abuelo materno,
el hermano Onofrio Soldano,
manso hombre de Dios, hombre de fe
que supo sembrar en el reino de lo cielos.

Reconocimientos

A mis padres Santiago y Ana, a mi hermano Rubén, por el sacrificio, la visión, el trabajo y su amor incondicional.

A mi esposa Denise por su amor, su integridad y su paciencia. A mis hijas Anafaye y Christi y a mi hijito David, por la alegría y el amor genuinos.

A los hermanos de la Junta de Directores de *Radio Visión Cristiana*, por su apoyo. A todos mis compañeros de trabajo en *Radio Visión Cristiana*.

Al Pastor Benny Hinn, por su ejemplo.

Al finado pastor Miguel Mena. Doce años atrás, vio en mí lo que Dios está haciendo hoy.

C ontenido

Prólogo

Nuestro Dios es un Dios de restauración. A través de la Biblia lo vemos constantemente restaurando, renovando, llamando al arrepentimiento, clamando a su Iglesia, su Novia, que esté a cuentas con Él, que se acerque más a Él. Es un Dios de segundas, terceras, cuartas e infinitas oportunidades. La gracia que Él derrama es sin límites ni barreras. Algunas personas han temido utilizar la palabra «renovación», porque implica un alejamiento o un distanciamiento de la salvación original. Hay quienes piensan que los que entregamos nuestras vidas a Jesucristo hemos experimentado ya toda la transformación necesaria para nuestra vida espiritual. Pero la Biblia habla de que todo lo que va en decadencia necesita renovarse y rejuvenecerse constantemente; y el hombre, desde la caída de Adán, ha estado en necesidad de esta renovación.

Desde los primeros capítulos de su libro, David Greco me envuelve en un mundo que conozco demasiado bien: La iglesia. Al igual que David, provengo de generaciones de cristianos de las cuales las últimas cuatro, por parte de mi mamá, han sido generaciones de predicadores dedicados al ministerio. Conozco muy bien las presiones de las que habla David en su libro de tener que ser un cristiano «ejemplar» y de adoptar todas esas reglas que se nos imponen, algunas de ellas escritas y muchas otras no escritas, pero trasmitidas como de igual o mayor importancia. Gracias a Dios que Él ha levantado hombres para llamarnos la atención en algunas de estas cosas; porque, sobre todo, lo que ha producido esto es toda una generación de creyentes que por fuera parecen «buenos cristianos», pero que por dentro están secos, áridos y necesitados de un fresco toque del Espíritu Santo. En otras palabras, una generación de creyentes en necesidad de renovación.

En este libro encontrará las declaraciones de un hombre sincero, que se ha abierto a que Dios lo toque, lo cambie y lo restaure a una condición de mayor profundidad espiritual.

Estoy seguro de que al compartirlo con todos nosotros, David Greco tiene el único deseo de que usted y yo vivamos ese toque de renovación que él ha tenido y que solo puede venir de la mano de nuestro Señor. Espero que lo permitamos y que diariamente nos dejemos renovar por su Santo Espíritu.

Gracias, David, por ser abierto y sincero con todos nosotros al expresarnos esas cosas que el Señor te ha mostrado a través de tus experiencias en el ministerio.

Marcos Witt

Prefacio

Nací y crecí en un hogar cristiano. Dediqué mi vida al servicio del Señor a una temprana edad. En la iglesia aprendí todas esas costumbres, ideas y conceptos que a la larga me llevaron a la rutina. Como buen cristiano oraba, leía la Biblia, servía en la iglesia, cantaba y participaba en las agrupaciones de adoración y alabanza. Simplemente hacía lo que me habían enseñado. Más tarde, ya adulto, llegué a ser parte de un ministerio pujante: *Radio Visión Cristiana* de Nueva York.

Allí me sentí en conflicto conmigo mismo. Descubrí que mis conocimientos teológicos no eran suficientes. Mi experiencia eclesiástica no bastaba. Mi vida cristiana apenas me mantenía a flote en medio de los desafíos que enfrentábamos como ministerio. Cuando buscaba consejos, oía lo de siempre: Ora y ayuna, métete en la Palabra, alaba al Señor, Él está a tu lado como poderoso gigante, etc. Pero ya me había vuelto insensible. Cuando oraba no me deleitaba, sino que sacaba mis penas y mi lista de necesidades para recitárselas a Dios. Debo confesar que oraba por obligación, por temor a que me castigara si no lo hacía.

Un día me encontré atrapado en un desierto. Mi reputación estaba siendo puesta en tela de juicio. Se estaban conduciendo reuniones de líderes donde se nos acusaba de muchas cosas. Era imposible defenderme.

Durante esos meses de desesperación, Dios me llevó a un lugar nuevo. Para alcanzar la renovación tuve que dejar lo viejo, lo rutinario y automático. Tuve que entre-

garle a Dios mi «yo», mi reputación, mis ambiciones, mis
metas y mis ansias.

Entregarle a Dios mi ministerio me era mucho. Él me
lo había dado y ahora me lo pedía. Se lo tuve que entregar.
Tuve que decirle al Señor que estaba dispuesto a ser vendedor de automóviles usados o empleado de oficina. Se
lo daba todo. Le daba mi nombre, mi reputación y mi
imagen pública.

No fue un proceso rápido. Tomó varios meses. Al final
quedé listo para lo nuevo. Dios había hecho un trabajo de
demolición. Al Espíritu Santo le tocaba edificar, cambiar.
Dios iba a «pasar» sobre mi vida para cambiarme como
lo hizo con Moisés.

Sucedió una noche en Toronto. En una cruzada dirigida por un gran hombre de Dios, la presencia del Espíritu
Santo se manifestó tangiblemente en mi vida. En unos minutos, el corazón que tomó tanto tiempo para vaciarse se
llenó de la gloria de Dios como nunca antes lo había experimentado. Dios pasó sobre mí con todo su bien.

Al volver al lugar donde servía a Dios, todo lo que
antes hacía rutinariamente cambió. Mi vida devocional no
fue la misma. Los momentos de quietud, de silencio y de
meditación se volvieron vibrantes. El Espíritu Santo era
real y vivo. Esclarecía mis pensamientos. Ponía en mí el
deseo de orar. Me explicaba verdades bíblicas que nunca
antes había conocido. Comencé a leer todos los libros devocionales olvidados en mi biblioteca y a escuchar música
de adoración, lo cual me ayudaba a mantenerme en comunión con Dios.

También empecé a fijarme en lo que antes me parecía
rutinario en otros. Volví a percibir la fragancia que produce una relación íntima y cariñosa con Dios. Lo que para
mí había llegado a ser emotivo, inmaduro, simple y místico, volvió a ser apasionante.

Lo más sorprendente de todo esto fue el efecto que
este cambio produjo en los que me oían y veían. Mi ministerio cambió. Deseé orar por los necesitados. Al hacerlo,

las personas sentían la misma presencia gloriosa que yo estaba sintiendo. Muchos se desplomaban. Otros lloraban. Mi motivación ya no era predicar otro sermón ni solamente exponer la verdad de la Palabra. El Espíritu Santo me llenaba del deseo de ver personas cambiadas entrar en una nueva relación de confianza con Dios.

Me gustaría decir que desde ese momento todo me fue bien; pero no fue así. Muchas personas se incomodaron y posiblemente otras lo harán a partir de este libro. Pero, al igual que el apóstol Pablo, «estimo todas las cosas como pérdida por la excelencia del conocimiento de Cristo Jesús, mi Señor, por amor del cual lo he perdido todo, y lo tengo por basura, para ganar a Cristo».

Estamos rodeados de creyentes con buenas intenciones que siempre están cuidando que nada falso se introduzca en la iglesia. Cuando alguien comienza a hablar de renovación, de cosas nuevas, aparecen los «vigilantes» cuyo celo los lleva a asegurarse de que nada sea «carnal» y de que todo esté de acuerdo con las doctrinas establecidas. Los comprendo. Así también era yo.

En los últimos años he hablado con muchísimas personas sinceras que me han expresado su necesidad de renovación. Muchos libros se han escrito acerca de este tema. He leído varios. Sin embargo, algunos de ellos nos dejan con cierto sentimiento de culpabilidad y la sensación de que Dios está muy desilusionado de nosotros. Permítame asegurarle que no haré esto en este libro.

Mi oración es que a través de estas páginas su vida espiritual sea transformada por el poder del Espíritu Santo. Si está atravesando un desierto de insatisfacción y de frustración, ¡ánimo! Usted es un candidato a la renovación. Dios quiere llevarlo a un lugar nuevo. Espere al Señor. La promesa es nuestra:

> ¿No has sabido, no has oído que el Dios eterno es Jehová, el cual creó los confines de la tierra? No desfallece, ni se fatiga con cansancio, y su entendimiento no hay quién lo alcance. Él da esfuerzo al cansado, y mul-

tiplica las fuerzas al que no tiene ningunas. Los muchachos se fatigan y se cansan, los jóvenes flaquean y caen; pero los que esperan a Jehová tendrán nuevas fuerzas; levantarán alas como las águilas; correrán, y no se cansarán; caminarán y no se fatigarán (Isaías 40.28-31).

El pico del águila es agudo, filoso y en forma de gancho. De esta manera, el águila se defiende, mata a su presa y come. Al paso del tiempo el pico crece de tal manera que se encorva y el águila no puede abrirlo. Entonces se eleva a un monte solitario, alto y apartado. Allí busca una roca áspera y frota en ella su pico hasta que vuelve a su forma original.

Es promesa de Dios. Si usted ha desfallecido en su carrera, Él no se fatiga. Si su vida cristiana se ha convertido en un peso que le está impidiendo regocijarse en Cristo, Dios quiere renovarlo. Como el águila, Dios permitirá que usted llegue a un lugar solitario, alto, lejos de amigos y hermanos. Allí Él limará todo aquello que impide que usted sienta la frescura de su gloriosa presencia vivificadora. Los que desfallecen, los que se fatigan, los que se cansan, los que no tienen fuerzas, los que flaquean y hasta los que se caen son candidatos a la renovación. Y los que esperan y confían que Dios les dará nuevas fuerzas, serán renovados.

1 De pura cepa

*N*ací *en la ciudad de Rosario, República Argentina.* Soy la cuarta generación evangélica por parte de mi padre y tercera por la de mi madre. Mis abuelos maternos y paternos fueron verdaderos siervos de Dios. Mis padres son hasta el día de hoy ejemplos intachables de una vida cristiana victoriosa. A las pocas semanas de mi nacimiento, me dedicaron al Señor.

Desde muy temprana edad, me fascinó todo lo que se hacía en la iglesia. Me gustaban los micrófonos, la música, los predicadores en el púlpito, los cultos bautismales, los cultos de Santa Cena y cualquier otra actividad eclesiástica. A los dos años de edad, ya me distinguía como un niño con inclinaciones a la predicación.

Mi hogar fue una verdadera escuela para mi vida. Mis padres siempre fueron personas muy hospitalarias. En la década del cincuenta no se solía hospedar en hoteles a los predicadores, misioneros o evangelistas invitados. Generalmente los alojaban en la casa de mis padres. Allí tuve el gran privilegio de conocer a muchos siervos y siervas de Dios. Observando a los diferentes invitados que pasaban por mi hogar, se fue formando en mí el concepto de la «espiritualidad».

A los siete años y medio respondí al llamado del Señor a servirle. A esa edad le dediqué mi futuro. Pensé que Dios me usaría en el pastorado, en la predicación y, seguramente, en la música. Siempre me llamaron la atención

1

los instrumentos musicales. Los coros, las bandas de instrumentos de viento; los dúos, tríos y cuartetos cautivaban todo mi interés.

Mis pastores fueron verdaderos hombres de Dios. Aunque nunca los vi como «ogros», mis padres me enseñaron a respetarlos. En mi mentalidad de niño, el pastor era la persona más importante del mundo. Los líderes, ancianos, diáconos y evangelistas de mi iglesia también fueron grandes ejemplos. Nunca me olvidaré de aquellos hermanos ancianos que se destacaban por ser hombres de oración y autoridad espiritual. Alrededor de ellos había que comportarse bien. Como niño, me parecía entender que de ellos nada se podía esconder, y mucho menos mis travesuras.

Mis padres decidieron que debía estudiar música, así es que aprendí a tocar varios instrumentos. Me encantaba tocar y cantar en el ambiente familiar de la iglesia. Absorbiendo los ejemplos de mis mayores, comencé a aprender a servir al Señor. Mi tiempo era consumido por la escuela, los cultos y el hogar.

En el «laboratorio» de la iglesia local aprendí a comportarme como un cristiano. Primeramente se me enseñó a conducirme según las reglas establecidas y a someterme a las normas eclesiásticas. Si me portaba bien y me sometía, había recompensas. Si no lo hacía, había castigo y rechazo. Pronto comprendí que el secreto de ser aceptado y alcanzar una buena reputación era someterse a las reglas de comportamiento. Estas eran relativamente simples. Como varones se esperaba que nos vistiéramos con camisa, corbata y saco. Debíamos usar el cabello corto y asistir a todos los cultos y actividades de la iglesia. No se permitían amistades con personas que no fueran de la iglesia y no podíamos asistir a eventos deportivos. Estaban prohibidos la playa, los bailes, las fiestas y otras diversiones. Las reglas para las muchachas eran aún más estrictas. Incluso, algunos en la iglesia se encargaban de que estas reglas fueran aplicadas estrictamente, parándose como guardias en la puerta del templo. El premio al ser aceptado era participar en las actividades de la iglesia, posiblemente formar parte de alguna posición oficial y generalmente ser considerado un buen niño o joven.

Hoy, cuando miro los excesos morales y sociales a que se llega en nuestros países, doy gracias a Dios por las restricciones que se me impusieron. El problema era que todas esas reglas se presentaban como sinónimo de santidad y violarlas era pecado.

La santidad, servir a Dios, «estar bien» con Dios, estar en el centro de la voluntad de Dios y todos los ideales que tenemos como cristianos, se reducían a seguir al pie de la letra las reglas de la iglesia.

Para ser un verdadero cristiano uno tenía que comportarse como tal. Un buen cristiano asiste a todos los cultos y a la escuela dominical. Era común oír cómo los hermanos testificaban, cómo oraban tantas horas por día y cómo se sacrificaban para complacer al Señor.

«Estoy sentado en la silla, pero en mi corazón estoy parado»

Ser un buen cristiano era costoso y ser espiritual era pagar un alto precio que incluía abandonar las cosas del mundo. El mundo era la moda, la música, los amigos, la educación, las diversiones y las riquezas. Para ser espiritual, entonces, había que vestir como un anticuado, cantar y tocar himnos, tener solamente amigos de la iglesia, ser un pastor o evangelista, evitar diversiones, ser pobre, leer únicamente la Biblia y orar a cada momento.

Mis familiares siempre fueron muy comprensivos. Mi padre nunca dejó de participar en los asuntos de la iglesia. Iba de comité en comité y de junta en junta. Mi tío era anciano y director del coro. Mis abuelos maternos y paternos siempre fueron pilares y ejemplos debido a su edad y a sus muchos años en el cristianismo. Nunca me enseñaron que si violaba dichos comportamientos era un pecador. Simplemente me explicaron que debíamos ser ejemplos a otras familias en la iglesia. Como niño y luego como joven no entendía ese razonamiento. En 1966, cambió la moda de los pantalones masculinos. Llegaron los pantalones anchos, los tipo «campana». Cuando ya no era moda vestir pantalones angostos, como jóvenes, mi hermano y yo convencimos a mi mamá que nos permitiera comprar pantalones anchos. Mi mamá no tuvo inconvenientes. Mi hermano consiguió comprar unos de color blanco. Cuando ese fin de semana lo vio el pastor, fue amenazado con medidas disciplinarias. Vestir a la moda era pecado. Parecía que ir en contra de la moda era santidad. Desde el púlpito se pronunciaba mensaje tras mensaje en contra de la moda del mundo.

Mi deleite era la música. Tocar un instrumento era para mí servir a Dios. Después de haber aprendido teoría musical, mis padres me compraron un instrumento. Al tocar en las diferentes agrupaciones, creía que estaba sirviendo a Dios con mis talentos. Para mantener mi posición de músico en la iglesia decidí obedecer las reglas establecidas. Pero no lo hacía de corazón. Era obediente por conveniencia. Se cuenta la historia de un niño muy travieso cuya madre decidió castigarlo sentándolo en una silla por un largo tiempo. A los pocos segundos de estar sentado, el niño dijo: «Estoy sentado en la silla, pero en mi corazón estoy parado».

Así era yo, obediente a lo que se me pedía, pero en mi corazón era un desobediente. Lo hacía simplemente para aparentar ser un buen joven cristiano. A pesar de mi corazón impuro, Dios me bendecía y derramaba su gracia sobre mi vida. En lo profundo de mi corazón sabía que un día tendría que ser sincero con Dios. Los juegos «religiosos» tendrían que terminar.

Los artistas En 1971 dejamos la Argentina y nos fuimos a vivir a Nueva York. Mis padres siempre me animaron a estudiar. Pensé seguir una carrera profesional. Estudié en la universidad de la ciudad pero no me sentía seguro de la dirección que mi vida estaba tomando. Un día, un amigo me invitó a ser el pianista de una agrupación musical cristiana. Los integrantes de esta agrupación eran jóvenes con grandes planes y llenos de entusiasmo. La meta era llegar a ser un grupo reconocido y famoso. Pensé que esa era la oportunidad ideal para cumplir con el llamado de Dios en mi vida y a la vez hacer algo que amaba profundamente: ser músico. Salíamos a cantar y a testificar en iglesias, conciertos y en reuniones al aire libre. Luego de unas semanas, el director de la agrupación se dio cuenta que yo podía predicar mejor que los otros y me puso a cargo de la predicación al final de los programas musicales. El mensaje era el mismo: «Todo sale bien con Cristo. Crea en Él y todo le irá de lo mejor».

En aquellos años, las agrupaciones musicales eran los artistas de la iglesia. Nos llamaban «artistas cristianos». Por lo tanto, el mensaje bíblico tenía que ser divertido. Si en el mundo la gente se divierte, en la iglesia también. Recuerdo que un sábado en la noche participamos en un gran concierto musical. El promotor nos había contratado para prepararle el ambiente a una agrupación musical muy famosa. Estábamos en la «gloria». Estábamos alcazando nuestra meta: llegar a ser famosos. Luego de una canción muy conmovedora, dije unas palabras de desafío al público. Noté que varias personas sacaron pañuelos para secarse las lágrimas.

Apenas terminamos nuestra parte, el promotor nos llamó. Estaba muy enojado por algo que habíamos hecho. Nos dijo que habíamos cantado bien, pero que el público se había deprimido con el corto pensamiento inspiracional. Nos explicó que en un concierto musical no se debía predicar, sino solamente cantar. Terminó diciendo que si queríamos triunfar, no podíamos desafiar al público con mensajes que incomodaran.

Luego de unos meses, me di cuenta que el mensaje «entretenido» que estaba predicando no era lo que la gente necesitaba oír. La gente tenía hambre de Dios, de algo genuino. El problema era que yo no tenía nada que darles. Al terminar el concierto nos felicitaban por nuestra dedicación y por la unción que percibían en nuestro ministerio. Pensaban que teníamos una relación maravillosa con Dios. ¡Qué engañados estaban! Éramos una agrupación de hambrientos, unos necesitados que desafiaban a otros hambrientos y necesitados.

¡Y ahora, estudiante! Recuerdo una mañana en que me sentía muy frustrado con la escuela, con el llamado de Dios, con la agrupación musical y con el rumbo que tomaba mi vida. Willie, uno de los cantantes de la agrupación, me confesó que sentía lo mismo. Decidimos que la solución de nuestros problemas era estudiar en la universidad cristiana de nuestra denominación en Pensilvania. Luego de convencer a los demás miembros de la agrupación, nos matriculamos en Valley Forge Christian College.

Esta era una universidad cristiana con programas especializados para personas que deseaban entrar en una carrera ministerial.

¡Qué sorpresa me llevé con la universidad cristiana! Por primera vez sentí la fuerza viva de la tentación. Algunos estudiantes sucumbían. En las clases, me dijeron que la mayoría de las ideas que había aprendido en la iglesia eran «teología de escuela dominical» y que ellos iban a corregir ese problema.

Estuve allí cuatro años. Aprendí mucho acerca de Dios y la Biblia. Aprendí a cuestionar todo lo que oía y leía. Me enseñaron que debía escudriñarlo todo. Debía sospechar especialmente de todo lo que tenía olor a «experiencia y emociones».

Entre los estudiantes había muchachos que siempre

estaban con la cabeza en las nubes. Oraban, profetizaban, iban siempre bien vestidos, participaban en todas las actividades «espirituales» de la escuela. Eran muy serios. Yo me burlaba de ellos. Los llamaba «los pequeños predicadores». Lo que más me interesaba era ser popular. Quería que se me conociera como simpático, gracioso e intelectual. ¿Espiritual y místico? ¡No! Mis profesores me inculcaron una verdadera pasión por el estudio y el conocimiento. La pasión por el conocimiento produce más pasión por el conocimiento. Y esta se puede transformar fácilmente en orgullo. Eso fue exactamente lo que me sucedió. Cuando oía a un pastor predicar, hacía críticas mentales acerca de los errores hermenéuticos que cometía. Llegué a reírme de las «simplezas» que oía desde el púlpito.

Todas las semanas salíamos a ministrar. Una de mis responsabilidades era predicar. Mis predicaciones eran ideas y conceptos recibidos de mis profesores y de mis investigaciones. Repetía lo que otros habían experimentado. Me encantaba descubrir la correcta interpretación de pasajes a través de la traducción de los idiomas originales. Me deleitaba en leer materiales técnicos, comentarios y estudios analíticos. Detestaba los libros devocionales. Eran aburridos. Mi meta era adquirir mucho conocimiento, el cual me daría credibilidad, reconocimiento y reputación.

El corazón se me llenaba de orgullo cuando, al predicar, insinuaba que mi exposición era la correcta interpretación del pasaje bíblico. Los demás predicadores, pensaba, no sabían tanto como yo. Lo más triste de todo esto es que, aunque no expresaba ese sentir, cada vez que me paraba frente a una congregación lo proyectaba claramente.

Al cursar el último año de mis estudios en la universidad conocí a Denise, quien hoy es mi esposa, una muchacha criada en un humilde hogar cristiano. Ella constantemente trataba de hacerme ver mi orgullo. Yo, lógicamente, no lo aceptaba. Pensaba que el problema no era mío, sino de los demás. Me encantaba impresionar a la gente con mis conocimientos de griego y hebreo. Mi visión había cambiado. Mi interés no era anunciarle al mundo que Jesucristo era la única esperanza de vida eterna. Mi ambición era corregir todos los errores doctrinales y teológicos en la iglesia. En mi interior, sin embargo, envidiaba a los cristianos simples. Recuerdo que deseaba ser como Yiye Ávila, aunque en mi opinión él no tenía preparación teológica. En los momentos de aprietos económicos, de soledad, de enfermedad, deseaba ser como aquellos a quienes menospreciaba. Ellos conocían a Dios en otra dimensión. Mi abuela Vicenta era una mujer de oración, una mujer de fe. Mi abuelo Onofrio era un hombre de oración y de total dedicación al estudio de la Biblia. Tenían algo que yo deseaba. Conocían a Dios íntimamente. Mi abuela era amiga de Dios. Mi abuelo lo era también.

Cuando mi hermano y yo nos enfermábamos, mis padres llamaban a los ancianos de la iglesia. El hermano Horacio, un diácono de la iglesia, venía a mi casa en su hora de almuerzo para orar con mi abuela y mi madre por mi sanidad. Aunque no tenían mucho conocimiento académico, conocían a Dios. Cuando oraban, Dios contestaba; y muchas veces fuimos tocados por el poder sanador de Jesucristo.

Luego de finalizar el bachillerato en teología, decidí continuar mis estudios de seminario. Quería obtener un doctorado en teología en una de las universidades más reconocidas del país, Vilanova University. Allí estudié bajo los mejores profesores católicos y protestantes de la teología contemporánea. Estudié acerca de Dios, la historia, el desarrollo del pensamiento cristiano y la sicología.

En el seminario, aprendí a ser aún más crítico de la «sencillez del evangelio». Aprendí que las verdades divinas eran complicadas y difíciles de entender. Solamente a través del estudio interpretaría ciertas verdades. Mis profesores me enseñaron que los conceptos bíblicos estaban «empaquetados» dentro de las culturas, los idiomas y el contexto histórico. Mi responsabilidad era entonces «desempaquetar» esas verdades para luego interpretarlas y entenderlas en el contexto de nuestra cultura.

En esos años de seminario, me elevé a otro nivel de orgullo y a la misma vez de frustración. Llegué a pensar que todos estaban equivocados. Me convencí de que la iglesia necesitaba un cambio radical en su enseñanza bíblica y que yo era una de las personas que iba a lograrlo. ¡Qué fantasía!

Unos días después de finalizar mis estudios de seminario, mis planes fueron violentamente interrumpidos. Estaba por comenzar mis clases del programa doctoral en Temple University. Mi sueño de ser doctor en teología se estaba materializando. Una tarde recibí una llamada de uno de los muchachos que había cantado y ministrado conmigo en la agrupación musical. La noticia fue una sacudida. Su esposa lo había dejado y estaba haciendo trámites de divorcio. Mi amigo, que era hijo de pastor, se había criado en un hogar cristiano. Habíamos estudiado juntos en la universidad cristiana y participado en el ministerio de la música.

Lloraba en el teléfono mientras me pedía consejo. Sus palabras me conmovían profundamente. Pero luego de oírlo por varios minutos, comprendí que no tenía nada qué decirle. Lo único que le pude aconsejar fue que buscara a un sicólogo debidamente entrenado para esos casos. Qué mal me sentí. Luego de tantos años de estudio, no supe cómo aconsejar a mi amigo. Él necesitaba una palabra de ánimo y consuelo; y le fallé.

Así era mi vida de servicio a Dios. Cuando había una discusión acerca de conceptos teológicos, era el primero en expresar mi opinión. Pero cuando había que orar por un enfermo, por un oprimido, o aconsejar a un herido, no sabía qué hacer. Me escapaba. Como predicador me encantaba hablar desde el púlpito. Sin embargo, luego de la predicación trataba de huir para evitar que alguien con necesidades pasara al altar a pedir oración. Llegué a ser muy sagaz. Luego de la predicación siempre le entregaba el púlpito al pastor para que él ministrara a los que necesitaban ayuda. La situación de mi amigo y compañero me dolió. Nuevamente estaba huyendo de alguien necesitado. Pero esta vez no se trataba de un desconocido. Me puse muy triste.

Luego de unos días, me llamó nuevamente para informarme que el pastor Kenneth Griepp, un querido amigo nuestro, sería su consejero. Traté de disuadirlo pues pensé que un pastor no lo podría ayudar. Como insistió, me fui a Nueva York a hablar con el pastor Griep y ver qué técnica sicológica iba a usar.

Luego de oír mis ideas académicas, el pastor me dijo: «Las armas de nuestra milicia no son carnales, sino poderosas en Dios para la destrucción de fortalezas, refutando argumentos, y toda altivez que se levanta contra el conocimiento de Dios, y llevando cautivo todo pensamiento a la obediencia a Cristo».

Esas palabras me impactaron. ¿De dónde las habría sacado? Comencé a hacer una lista mental de libros de donde podría haber tomado esas palabras tan poderosas.

Al volver a casa, me propuse averiguarlo. Busqué en vano en mi extensa biblioteca. De repente, tuve un pensamiento aterrorizador. ¿No sería un versículo bíblico? Me parecía conocido. Fui rápidamente a la Concordancia y lo encontré. El pastor había citado 2ª Corintios 10.4-5. Me sentí avergonzado. Luego de años de preparación teológica no había reconocido un versículo de la Biblia. ¿Cómo era posible si había leído varias veces la Biblia de tapa a tapa? Lo más triste era que en la universidad había tomado un curso bíblico de un semestre completo de 1ª y 2ª Corintios.

Luego de varios minutos, tomé una decisión. Lo que había aprendido no me servía mucho. No pude ayudar a mi amigo. Mi mente estaba saturada de conocimiento, de teoría y de conceptos. Tristemente, no los había podido usar en una situación de crisis real. Me preocupó que mi mente no estuviera familiarizada con la Palabra de Dios, la Biblia. Había acabado de oír unos versículos bíblicos que había leído y estudiado anteriormente y no los había reconocido. Mi mente estaba saturada de conceptos pero no de la Palabra de Dios viva. Hoy se habla mucho de la guerra espiritual, de lucha contra principados y potestades. Hay un interés grande por saber acerca de las artimañas del enemigo, las estrategias demoníacas y otros detalles espeluznantes. Cuántos hay que están más interesados en discernir los nombres y los rangos de principados, potestades, gobernadores y huestes que en profundizarse en los maravillosos nombres de Dios que representan los diferentes aspectos de su glorioso carácter. Se produce más literatura y se organizan más seminarios de demonología que de cristología. Estamos tan preocupados con la pelea que no tenemos tiempo de madurar.

¿Y Satanás? Esta es parte de su estrategia. Si él logra que nos preocupemos de la oposición que nos presenta el enemigo externo, nos distrae del verdadero problema: el interno, la mente. Nuestra mente debe estar enfocada en una persona: Jesús sentado en el trono a la diestra del Padre, y en la carrera de fe victoriosa que tenemos por delante.

La lucha espiritual no estaba en una ciudad, ni un territorio, ni un proyecto, ni una visión, sino en mi mente. Note bien lo que dice Pablo en 2ª Corintios 10.4-5:

> Porque las armas de nuestra milicia no son carnales, sino poderosas en Dios para la destrucción de fortalezas, refutando argumentos y toda altivez que se levanta contra del conocimiento de Dios, y llevando cautivo todo pensamiento a la obediencia a Cristo (v. 5).

Hay varias palabras clave de este versículo que debo aclarar.

1. Fortaleza

¿Qué es una fortaleza? Es un castillo, un lugar fortificado, un lugar bien defendido que inspira confianza porque es impenetrable. Es obvio que debemos derribarlas refutando argumentos y toda altivez.

2. Argumento

¿Qué significa la palabra argumento? Una vez tuve un problema mecánico con mi automóvil. Luego de revisar el motor, el mecánico me dio un presupuesto. Quería tener una idea más o menos clara de lo que me iba a costar el trabajo. Él fue muy explícito al comunicarme que el costo podría cambiar si se encontraban otros problemas en el motor. El mecánico estaba aventurando un precio porque había analizado el problema exteriormente. Los argumentos son como los presupuestos: un valor al que llegamos porque no poseemos toda la información necesaria.

Así es nuestra mente. Llegamos a muchas conclusiones basadas en conjeturas o suposiciones. ¡Cuántos falsos argumentos existen en nuestras mentes acerca de Dios! ¡Cuántas conjeturas! ¡Cuántas cosas damos por sentadas en relación a Dios basándonos en análisis superficiales! Muchos dicen que Dios actúa así, que Dios ve situaciones de esta y aquella manera, que Dios busca ciertas cosas de nuestras vidas. Pero la mayoría de esos argumentos son conclusiones que no reflejan el verdadero corazón de Dios.

Qué experto es Satanás en presentar argumentos acerca de Dios. Eso fue exactamente lo que hizo con Eva en el Edén y con Jesús en el desierto. Presentó argumentos. Aparentan ser de Dios y hasta suenan como de Dios, pero no son genuinos.

¿Dónde habitan y germinan estos argumentos que tenemos que derribar y demoler? En la mente.

3. Altivez

¿Qué es altivez? Es algo elevado, algo que se levanta en contra, en oposición. Cuando yo era niño, me encantaba escaparme del culto para estar junto a mis amiguitos de la iglesia. El mejor momento para escaparse era al final de la predicación, cuando mi papá estaba ocupado contando la ofrenda, mi mamá tenía los ojos cerrados orando y toda la congregación estaba orando también. Ese era el momento oportuno para los niños. Pero el obstáculo más grande eran los diáconos que cumplían la función de «porteros».

Eran hermanos que se quedaban parados en la entrada de la nave principal para recibir a los hermanos e invitados y también para ayudar en cualquier situación de emergencia. Estos hermanos porteros eran nuestras «barreras». Ellos eran una oposición ya que eran mucho más altos e inteligentes que yo.

Una barrera en el camino estorba porque es difícil pasarle por encima. El versículo 5 dice que la «altivez» o barrera se levanta, se yergue, contra el conocimiento de Dios. Impide que lo conozcamos como persona, que desarrollemos una íntima relación con Él.

¿Dónde residen las barreras? ¿Dónde existe y florece lo altivo que se exalta contra el conocimiento de Dios? En la mente.

Pablo finaliza diciendo que debemos llevar cautivo todo pensamiento a la obediencia de Cristo. Un pensamiento es una percepción intelectual, una opinión que formamos luego de un análisis. Analizamos las acciones de nuestros prójimos y rápidamente nos formamos opiniones. Cuando acumulamos suficientes opiniones, tenemos una fortaleza inexpugnable. Nadie nos va a cambiar. Hemos llegado a una conclusión inflexible. ¿Dónde residen estos pensamientos? ¿Dónde existen estas opiniones? En la mente. En mi caso, mi mente estaba saturada de argumentos, altivez y pensamientos. Se había erguido en fortalezas.

Una fortaleza, pues, es un castillo hecho de argumentos. Es un lugar fortificado hecho no de ladrillos, ni de barro, ni de cemento sino de altivez. Es una barrera hecha de pensamientos y opiniones que se oponen al verdadero y genuino conocimiento de Dios. Es una casa hecha de pensamientos erróneos. Esa fortaleza controla nuestra mente y nuestro comportamiento.

Cuando en aquel momento la Palabra proclamada por el pastor trató de penetrar mi mente, hubo un choque con mis fortalezas intelectuales y religiosas. Mi problema no consistía en un conflicto con principados, demonios y potestades. Mi problema central eran las fortalezas que no permitían que conociera a Dios íntimamente. Aunque conocía mucho acerca de Él, mi ser no conocía al Dios vivo, no tenía la experiencia del rey David que deseaba buscar a Dios para ver su poder y su gloria (Salmo 63.1-2).

Creo en la existencia de seres infernales. Su estrategia es localizar a cristianos con fortalezas en la mente. Cuando los encuentran, hallan un lugar, un territorio donde vivir y operar. Pablo nos dice muy claramente que no podemos darle «lugar» al diablo. ¿En qué consisten esos «lugares»? En fortalezas, argumentos, altivez y pensamientos.

Un cambio radical de actitud Tuve que reconocer que definitivamente no conocía a Dios en intimidad. Por lo tanto, procedí a tirar a la basura todos mis libros, mis diplomas y mis calificaciones. Pensaba que sabía mucho y que estaba listo para servir a Dios en el ministerio, pero ese día me di cuenta que necesitaba un cambio en mi vida espiritual.

Estaba acostumbrado a tener siempre una respuesta, una explicación para todo. Me habían enseñado a ser muy lógico y organizado en mis pensamientos, pero estaba desorientado. Sabía que tenía hambre, pero no sabía cómo conseguir comida. Sentía sed en mi alma, pero no conocía el camino al manantial. Necesitaba una respuesta pero no sabía dónde encontrarla.

Mi situación era crítica. Ya había terminado mis estudios. Era momento de decidir qué hacer con mi vida. Tenía varias ofertas de posiciones ministeriales. Estaba en una verdadera encrucijada. ¿Estaba preparado para el ministerio? Los que me conocían pensaban que sí, que me había llegado el momento de servir en una posición ministerial. Pero me sentía angustiado. Por años había confiado en mis conocimientos y talentos; en la fuerza de mi carácter, de mi testimonio y de mi familia. Era cristiano de cuna, de excelente familia, con un pasado limpio, con preparación académica y llamamiento al ministerio. Lo tenía todo. Sin embargo, me faltaba algo. No estaba listo. Me sentía incapaz de ministrar a otros.

Comencé a mirar a mis amigos de escuela que ya estaban en posiciones ministeriales. En algunos de ellos veía un sincero entusiasmo. En la mayoría, una desilusión profunda. El ministerio no era lo que esperaban. Generalmente oía quejas. Ese no iba a ser mi futuro. Decidimos con mi esposa, volver a Nueva York a vivir con mis padres. Pensé que si Dios me necesitaba, sabría dónde encontrarme.

Inmediatamente me dirigí a Kenneth, pastor asistente de la iglesia. Él ya estaba aconsejando a mi amigo. Traté de impresionarlo con mis conocimientos. No lo conseguí, porque él ya había pasado por esa etapa «intelectual». Me dijo que necesitaba un cambio en mi vida. Me sentí atacado, herido y despreciado. Él había puesto el dedo en la llaga, en mi llaga. Y me dolió.

Me aconsejó que por ahora me olvidara de mi carrera en el ministerio. Mi remedio era quedarme en la iglesia sentado en un banco bajo el discipulado de un pastor que me enseñara a servir al Señor de corazón. Luego de hablar con el reverendo Daniel Mercaldo, pastor principal, decidimos radicarnos nuevamente en Nueva York.

Regresamos a esa ciudad sin ilusiones. Luego de varios años de estudio, tenía unas deudas tremendas, producto de inconvenientes en un empleo. Decidimos con mi esposa, trabajar por unos años para saldar esas cuentas. Después de todo el entrenamiento teológico y de mis experiencias ministeriales, terminé en la casa de mis padres, con deudas y sin una posición ministerial.

Nos integramos a la Gateway Cathedral, una congregación que pastoreaba el Rvdo. Daniel Mercaldo. Allí me senté a aprender. Luego de todos mis estudios, el Señor me sentó en un banco de iglesia a recibir un verdadero entrenamiento espiritual práctico. A través de mi pastor recibí una preparación netamente bíblica. Su predicación y enseñanza me demostraron que necesitaba conocer la Palabra de Dios en una forma diferente a como me la habían enseñado en el seminario.

A través de la educación teológica había aprendido a estudiar la Palabra de Dios científicamente, siguiendo reglas de interpretación hermenéutica. Mis profesores me enseñaron que la meta era llegar a la verdad. La meta no era un cambio, una transformación en la vida. Culto tras culto, reunión tras reunión, charla tras charla, veía que el primordial interés de mi pastor no era simplemente enseñar la verdad. Su profundo deseo era que esa verdad produjera un cambio en la vida de sus oyentes.

Al desarrollar amistades en la congregación, pude ver cómo hombres y mujeres estaban cambiando sus actitudes, sus comportamientos, su vida familiar, su vida devocional, sus metas, costumbres y planes. Muchas veces me sentí avergonzado al darme cuenta de que muchos cristianos recién convertidos conocían a Dios más íntimamente que yo.

El contacto con esos nuevos cristianos revolucionados radicalmente por Jesucristo produjo en mí un deseo, un hambre interior. Anhelaba ser como ellos y tener una relación simple y sencilla con Dios. Ya estaba cansado de leer la Biblia como un manual técnico, de pedir la dirección de Dios en mi carrera ministerial y de presentarle mis necesidades. Estaba cansado de pensar que Dios era como un patrón que espera que se le retribuya con obras. No había deleite en mi relación con Él. Necesitaba ser renovado.

¿Puede usted identificarse en alguna manera con mi situación? Hay muchos cristianos que han perdido su entusiasmo inicial. Hay muchos creyentes que están cómodos con su cristianismo, asisten a la iglesia, ocupan posiciones, ofrendan, son de buen testimonio pero allí se termina todo. No tienen nada nuevo que dar. No hay experiencias nuevas, y no hay frescura en su relación con Dios. Cuando llegan a la iglesia, solo se preocupan de lo que se está haciendo, cómo se está haciendo y quién lo está haciendo. En cambio, los hermanos nuevitos están sonrientes, cantan, se abrazan y dan testimonios «simples e infantiles». Los nuevos están llenos de agradecimiento, de gozo, de entusiasmo. Usted, que ha visto tanto, se sonríe diciendo que los recién convertidos a la larga van a cambiar, van a ser «normales» como lo es usted.

En lo profundo de su corazón, sin embargo, usted desearía ser como ellos. Reconózcalo. Sea sincero con usted mismo. No se sienta satisfecho con su crecimiento, con su vida espiritual estable, cómoda. Reconozca su frustración. Si sigue así, nada cambiará. Confiese que necesita un cambio. Trate de no ser orgulloso ni de adoptar una actitud defensiva. Dios tiene cosas nuevas y maravillosas que renovarán su vida espiritual.

2 Estalla la prueba de fuego

Una gran expectativa reinaba en la comunidad evangélica hispana del área metropolitana de Nueva York. Los hermanos de la Junta de Directores de Radio Visión Cristiana, hombres de fe y visión junto a los que diariamente servimos en el personal ejecutivo, estaban llenos de entusiasmo y gozo. Habíamos visto la poderosa mano de Dios obrar en el año 1989 cuando adquirimos la emisora WWRV 1330 AM por trece millones de dólares. Ahora se estaba terminando la construcción de nuestra segunda emisora de radio.

Radio Visión Cristiana abarca al área metropolitana de Nueva York, con sus veinte millones de habitantes de los cuales más de cuatro millones son latinoamericanos. Nuestra primera emisora era una estación de radio local que nació en el corazón de los oyentes. Los comienzos de Radio Visión son un verdadero testimonio del apoyo que aún hoy en día recibimos del pueblo de Dios. Al finalizar mis estudios en la universidad, una emisora radial me ofreció trabajar en el sector administrativo de la empresa. Allí conocí a unos hermanos que compraban algunas horas semanales de la radio para la predicación del evangelio. Luego de unos meses, se les dificultaba afrontar los compromisos financieros que la emisora les imponía. Después de un año, me dijeron que debían abandonar los espacios radiales porque no contaban con el dinero para continuar. En ese momento acordamos salir al aire por última vez e informar a los oyentes que de no recibir ofrendas voluntarias para el sostén del programa radial, ese sería el último sábado de trasmisión. A través de esa convocatoria los oyentes se comprometieron a enviar ofrendas voluntarias para el costo mensual de esas horas radiales. Así fue que decidimos crecer comprando más horas para la difusión y predicación de la Palabra de Dios. Esos fueron mis comienzos en Radio Visión, sin saber lo que Dios haría más tarde con este ministerio. Luego de unos meses, renuncié a mi cargo administrativo en la emisora para incorporarme a Radio Visión como Director Ejecutivo, posición que todavía desempeño. La primera trasmisión oficial de RVC fue el 7 de abril de 1984. A partir de ese momento fuimos comprando más espacios hasta que llegamos a trasmitir catorce horas diarias. Luego decidimos adquirir la emisora desde donde trasmitíamos. El crecimiento constante impulsó a comprar una segunda radio, casi lista para salir al aire, iba a ser internacional y llegaría a otros veinte millones de oyentes.

Hasta ese momento habíamos ministrando la Palabra de Dios a una audiencia local. Pero con la nueva emisora internacional alcanzaríamos a miles en otros países. La ubicación de la misma era en una isla británica, a unos ciento sesenta kilómetros al este de la República de Cuba, a otros ciento sesenta kilómetros al norte de la República Dominicana y a seiscientos cuarenta kilómetros al noroeste de Puerto Rico. Ya las líneas de trasmisión desde nuestros estudios en Paterson, Nueva Jersey, a la planta de satélite estaban listas. Se lanzaría en vivo la señal al satélite ubicado a treinta y cinco mil kilómetros en el espacio, que a su vez la retrasmitiría a nuestra flamante estación de radio internacional. Esa señal surcaría los aires del Caribe y el resto de Latinoamérica con cien mil vatios de potencia.

Había razón para estar alegre. Dios nos estaba entregando una plataforma enorme con el propósito de anunciar las buenas nuevas de salvación a una parte de nuestro continente que sufre bajo la pobreza, las dictaduras y las diabólicas sectas afroindias.

Pero algunos pensamientos me inquietaban. Primero, desde el comienzo en 1984 y a través de la proclamación del sencillo evangelio de Cristo, miles habían encontrado salvación. Mas sentía que lo que habíamos venido haciendo no iba a ser suficiente. Necesitábamos algo nuevo, algo diferente.

Sabíamos que Dios estaba haciendo maravillas en Cuba. La iglesia del Señor allí estaba experimentando un crecimiento explosivo. En República Dominicana, la iglesia se había sextuplicado en los últimos diez años. Y nosotros, la iglesia en Nueva York, ¿qué teníamos que decir? ¿Cuál era nuestro mensaje? ¿Lo mismo de siempre? ¿La misma rutina, los mismos mensajes, las mismas experiencias y los mismos clichés? Debíamos expresar algo nuevo, fresco.

Segundo, habíamos reunido el dinero para la realización de este proyecto por medio de «radiomaratones». Estos son encuentros a través de una programación especial con los oyentes, donde se predica, se ora y se reúnen fondos para el sostén del ministerio. Algunas veces estos radiomaratones en que pedíamos dinero duraban dos meses. Esta preocupación me carcomía. Pensaba que si seguíamos pidiendo, la gente se iba a cansar y cesarían de dar. Sabía también que al poner al aire esta emisora internacional de tanta potencia, los gastos serían astronómicos. Necesitábamos algo diferente. Aunque nuestra gente era muy generosa, los radiomaratones cansaban mucho. Desafortunadamente, no sabía dónde encontrar algo distinto.

Pues bien, Dios nos estaba otorgando el privilegio de llegar a Cuba, a República Dominicana y a Puerto Rico sin salir de la ciudad de Nueva York, ni de nuestros estudios radiales, sino vía satélite.

La construcción y la adquisición de las licencias había costado más de un millón de dólares. Radio Visión es un ministerio mantenido por las ofrendas voluntarias de nuestro pueblo cristiano latino. Nunca hemos vendido programaciones ni propaganda comercial. Todo el dinero para completar este glorioso proyecto había sido donado por cristianos generosos de Nueva York y Nueva Jersey. La hermandad cristiana estaba llena de alegría. Habían dado todo ese dinero para que los familiares en sus países de origen oyeran el mensaje de Cristo. Tenían razón de alegrarse. Estábamos cumpliendo con la Gran Comisión. Había sido testigo de un milagro de Dios. En la convención de comunicadores en Washington D.C., un señor se acercó a ofrecerme en venta una emisora en una desconocida isla del Caribe. Este hombre, un negociante del sur de Estados Unidos, me trató de entusiasmar diciéndome que la emisora podría alcanzar a Cuba. El precio era dos millones y medio de dólares. Le dije que aunque la oferta era tentadora, el precio era muy alto.

Pasaron algunos meses. Nuestro entonces presidente, el Rvdo. Luciano Padilla, Jr. (hombre de una gran visión) asistió a una conferencia de líderes en el estado de Virginia. Allí, los nuevos dueños de esa emisora en la isla caribeña, al no poder sacarle ganancias, buscaron al reverendo Padilla para ofrecérsela. Habían bajado el precio a un millón de dólares. Pensamos que todavía era muy alto.

Luego de varios meses, los propietarios llamaron para preguntarme qué cantidad de dinero podríamos ofrecerles por la emisora. Así fue que adquirimos la emisora caribeña por trescientos veinticinco mil dólares. Esto fue un verdadero milagro.

La tormenta Durante los meses siguientes, Dios nos dio a través de su pueblo todo el dinero que se necesitaba para construir la nueva emisora de radio, sintonizada en la frecuencia del 530 AM. Todo iba bien. El entusiasmo era contagioso. El dinero había llegado. Todo parecía color de rosa.

De repente, estalló la prueba de fuego. Ciertas personas comenzaron a divulgar falsas acusaciones. Decían que el proyecto de esta emisora internacional era un fraude. Según ellos, los fondos levantados para la compra y edificación de la emisora internacional eran para nuestro beneficio personal. Básicamente nos tildaron de ladrones. Esas falsas acusaciones causaron daño. Una gran cantidad de contribuyentes fieles, entre ellos varios líderes eclesiásticos, creyeron esas calumnias. Muchos fomentaron la desconfianza. Comenzamos a recibir cartas de abogados, amenazas de ser llevados a una rueda de prensa para desenmascararnos. Se estaban llevando a cabo reuniones de ministros para acusar a Radio Visión Cristiana de fraude y engaño.

Oramos: «Señor, ¡líbranos! ¡Sácanos de este problema! ¡Defiéndenos!» Las lágrimas brotaban y el clamor de la desesperación crecía. Sentíamos que Dios constantemente nos decía: «No teman, no se defiendan, yo estoy obrando». Claro, eso es fácil de decir cuando todo va bien. Pero cuando hay calumniadores y personas malintencionadas y todo un proyecto gigantesco corre peligro, no es fácil vivirlo.

Pasamos momentos de angustia. La incertidumbre era abrumadora. ¿Qué pasaría si el pueblo, el pastorado y los donantes cesaban de apoyarnos? Al igual que hoy en día, Radio Visión Cristiana se mantenía exclusivamente de las ofrendas voluntarias de nuestros oyentes. No vendíamos programas ni propaganda comercial. Si esas ofrendas no entraban, el ministerio corría peligro. La emisora de Nueva York debía producir fondos mensuales para pagar el préstamo bancario y los gastos generales con un personal de cuarenta y seis empleados. Nuestro presupuesto era de más de cuatro millones de dólares anuales. Ese peso lo sentía sobre mis hombros.

Llegué a sentirme sin fuerzas. Cuando oraba, las palabras no salían de mi boca. Los pensamientos fatalistas me dominaban. Las lágrimas se me secaron. Nunca me había sentido así. Siempre había encontrado una solución, una idea, algo para salir al paso. Esta vez no.

A todas estas, ocultaba de mis compañeros de trabajo y de los hermanos de la Junta de Directores los pormenores del peligro que se acercaba. Pero mi esposa me preguntaba. Mi familia quería saber. Los programadores radiales deseaban más información acerca de estas acusaciones.

Recuerdo cómo planeábamos estrategias para contrarrestar las calumnias. Ninguno de esos planes se lograron. Los acusadores continuaban y cada día tomaban más fuerza. Yo me quejaba al Señor. Pasaba horas y horas a la semana explicándole a Dios lo que estaba sucediendo como si Él no lo supiera.

¿Qué más podía hacer? Simplemente estaba haciendo lo que había aprendido: clamar al Señor. Para mí, clamar al Señor era presentar mi necesidad, explicar mi dolor, derramar lágrimas sabiendo que Dios era compasivo. Pensaba que mi dolor podría mover la mano de Dios a nuestro favor.

Posiblemente usted ha oído del Dios que pone nuestras lágrimas en su redoma (Salmo 56.8). La redoma era una pequeña vasija que los judíos se colocaban bajo los ojos para recoger las lágrimas que vertían. Al final de la oración, los judíos cuyas redomas tenían más lágrimas se jactaban de ser más espirituales que los demás.

Muchos creen que pueden mover a Dios simplemente llorando o expresando su dolor. ¡No! La Biblia es muy clara. Hay solo una cosa que mueve el corazón de Dios. No es mi necesidad, no es mi apuro, no es la gravedad del caso ni mi desesperación: sino la acción de la fe. Sin fe es imposible agradar a Dios.

No mostraba mucha fe al pasar hora tras hora postrado en el piso, recostado sobre un sillón, contándole mis penas a Dios. Simplemente estaba descargando mis penas, mis presiones y mis preocupaciones. Si usted está pasando por una situación desesperante, no piense que Dios le va a tener lástima. Dios le ama. Él no tiene lástima de sus hijos. Quiere que en medio de una situación imposible confiemos en Él. En Mateo 15 y Marcos 7 encontramos el relato de la mujer sirofenicia. Esta mujer tenía una necesidad muy grande. Su hija tenía un espíritu inmundo. Póngase en el lugar de aquella madre que tenía que ver cómo su hija era atormentada por un demonio. Lo más triste era que nadie podía hacer nada por la niña. La ciencia no podía sanarla. Tampoco la religión. Aquella mujer —que no era judía, sino griega, gentil, cananea, de religión pagana— oyó que Jesús, un rabino judío, echaba fuera espíritus inmundos. Inmediatamente se propuso entrevistarse con el Maestro.

En Marcos 7.24 la Biblia dice que Jesús se fue a la región de Tiro y Sidón, nación gentil, para esconderse de las multitudes y de los fariseos que constantemente lo acosaban. Pero es claro que no pudo esconderse, porque esta mujer lo encontró. Se presentó ante Jesús y se postró a sus pies. ¡Qué reverencia! ¡Qué temor! Era una mujer desesperada. Seguramente pensó que si reverenciaba a Jesús, recibiría un milagro. Así es que no solo se postró, sino que comenzó a reconocer la posición y los atributos de Jesús. Empezó llamándolo: «Señor, Hijo de David» (Mateo 15.22). Reconoció que Jesús era el Mesías, el Ungido de Dios. La petición fue simple: «Mi hija es gravemente atormentada por un demonio». La Biblia dice que «clamaba», que gritaba con todas las fuerzas de su alma y de sus pulmones.

Jesús no le respondió. Guardó silencio. El silencio de Jesús fue poderoso. El silencio de Dios es poderosísimo. Dios no contesta nuestras peticiones rápidamente, pero oye al instante. Luego viene el silencio. Jesús no se movió y, al parecer, no reaccionó.

Los discípulos no entendieron el silencio de Jesús, de la misma manera que no lo entendemos ni usted ni yo.

Cuando Dios guarda silencio en nuestras vidas, rápidamente elaboramos un argumento, una opinión, una especulación. Pensamos: «Dios está enojado conmigo. Yo estoy mal». Los discípulos reaccionaron enseguida. Entendieron que Jesús se hacía el que no la oía. Por lo tanto, sugirieron que la despidiera de una vez por todas. ¿Cuántas veces ha presentado usted una necesidad a Dios y no ha recibido respuesta? ¡Qué rápido vienen los pensamientos que nos dicen: Deja de insistir, Dios no te va a responder, Dios le contesta a cristianos maduros, fuertes y especiales; ríndete y haz algo por tus propios esfuerzos! Y Dios sigue en silencio.

Así me encontraba. Oraba y clamaba. Me quejaba con Dios y con mis compañeros en el ministerio. Dios se mantenía en silencio. No llegaba ningún profeta con un mensaje del cielo, ni mejoraba la situación. Al parecer, el cielo estaba cerrado y sentía como que Dios no me oía.

Jesús respondió a la petición que habían hecho sus discípulos de despedirla. El Mesías, el Hijo de David, había sido enviado a las ovejas perdidas de Israel. ¿Por qué Jesús hizo esta aclaración? Porque la mujer lo había reconocido como el Hijo de David, el Mesías de Israel. El Hijo de David no era para los cananeos, sino para los judíos. Ella había invocado el pacto de Dios con Israel, pero las promesas del viejo pacto no conmovieron el corazón de Jesús.

La mujer no se rindió. Esta vez, llamándole Señor, apeló al corazón de Jesús pidiendo socorro. En el versículo 26 de Mateo 15, todavía dirigiéndose a sus discípulos, Jesús dice que el pan de los hijos, que eran los judíos, no se podía echar a los perrillos, los gentiles. ¡Qué humillación! El Maestro la compara con un «perrillo». ¿Por qué Jesús trató a la mujer de esa manera dura?

Ella contestó rápidamente: «Sí, Señor, tienes razón, no puedo recibir las promesas del viejo pacto con Israel porque no soy judía. Mi necesidad desesperante no merece tu socorro. Pero aunque soy una "perrilla", ¡Tú eres mi amo! ¡Dame pan!»

Esa palabra «amo» es equivalente de la palabra «señor». Aquella mujer entendió que Jesús, el dador del pan de vida, era Señor absoluto y solamente con unas migajas era suficiente. La mujer habló en fe. No apeló al viejo pacto, ni a su dolor y ni a su necesidad, sino al Señorío de Jesús. Y puso su fe en Él.

Jesús, ahora dirigiéndose a ella por primera vez, dice: «Oh mujer, grande es tu fe; hágase contigo como quieres» (Mateo 15.28). La fe de la mujer movió a Jesús.

Dios está buscando fe. Mientras me pasaba horas pidiendo socorro, Dios se mantenía en silencio. Mientras le recordaba a Dios que me debía ayudar porque Él mismo me había llamado y puesto en el ministerio, seguía guardando silencio. Pero Él habló a mi vida cuando di un paso de fe y me rendí en sus manos, en las manos del dueño absoluto de mi vida.

Mi primer paso de fe fue salir de vacaciones por una semana. Normalmente cuando vivimos una crisis, nos quedamos peleando, resistiendo, solucionando problemas. Pensamos que somos importantes y que Dios nos necesita. Mi esposa, viendo mi agotamiento mental y físico, me animó a salir. Ella no sabía cuán serio era el asunto. Unos momentos antes de salir de mi oficina, una de las personas que nos acusaban me llamó por teléfono. Me amenazó con destruirme. No resistí y me puse a llorar. Era la amenaza final: nos acusarían frente a la prensa secular y nos llevarían a las cortes de justicia.

Hambre de Dios Salí de mi oficina con los ojos llenos de lágrimas. Recogí a mi familia y emprendí un viaje que tomaría más de veintidós horas en automóvil. Durante esas largas horas, cuando mi esposa y mis niñas dormían, le pedí a Dios que me hablara como nunca antes.

Me propuse asistir ese domingo a una iglesia que pastoreaba un gran hombre de Dios. Sabía que Dios usaba grandemente a este siervo en la predicación de su Palabra y muchos habían sido ministrados a través de él. Esta vez le pedí al Señor que me hablara directamente a través de su siervo.

Durante toda la semana traté de disfrutar mis vacaciones y no pude. Aunque pensaba a menudo acerca de la situación en Nueva York, mi corazón estaba enfocado en el domingo, en el culto donde Dios me iba a hablar. Estaba seguro que Él haría algo en mi vida. Llegó el domingo. Fui uno de los primeros en llegar. Me senté en uno de los bancos de atrás. No quería que nadie me reconociera. Mi corazón latía aceleradamente. El intelecto me decía que mis emociones me estaban controlando. Algunos amigos me preguntaron por qué fui tan lejos a buscar la dirección de Dios. La simple respuesta es que estaba hambriento, que anhelaba profundamente una respuesta de Dios. Solo alguien que ha estado desesperadamente hambriento puede entenderlo. Las fortalezas mentales llenan de tal modo el corazón que no hay lugar para una renovación genuina. El secreto es que la renovación comienza con el hambre de Dios: hambre de alcanzar nuevas experiencias, nuevos vislumbres, nuevas luces de la obra de Dios en nuestros corazones.

Al comenzar el culto, la adoración, el coro, la música, todo lo que se estaba haciendo, cautivaron totalmente mi atención. Me olvidé de los problemas y de todos los que estaban sentados a mi lado. Solamente pensaba en que Dios iba a hablarme por su Palabra. El momento llegó. El pastor abrió la Biblia y leyó el pasaje bíblico. El mensaje estaba basado en Génesis 17. En este capítulo Dios le recuerda a Abram la promesa de un hijo, le cambia el nombre —de Abram a Abraham— y hace un pacto final en cuanto al territorio prometido. Pero el mensaje central fue que Dios vino a cumplir la promesa cuando Abraham ya tenía noventa y nueve años. El pastor terminó diciendo

que Abraham se rindió totalmente en las manos de Dios
al llegar a tan avanzada edad, en su vejez, cuando ya no
podía lograr nada con sus propias fuerzas. En esa situación de total incapacidad física, Dios se revela como el
Dios Todopoderoso, *El Shaddai*, el que es más que suficiente, el que puede satisfacernos totalmente. El desafío
final del mensaje estuvo dirigido a todos aquellos que estaban enfrentando una situación imposible como la de
Abraham: viejo, de noventa y nueve años de edad, con
una esposa estéril, en espera de un hijo y de un milagro.
Ese era yo. Había recibido una promesa. Dios me había llamado a servirle. Dios me había guiado con su mano
poderosa paso a paso. Desde mi niñez, en mi juventud,
me cuidó de tentaciones y caídas. Me guió durante los
años de mi educación y finalmente abrió un ministerio
grande, próspero, de visión, dirigido por hombres ínte-
gros. Pero en ese momento parecía que todo lo que Dios
había prometido estaba por desvanecerse. El mensaje era
para mí. Dios me había hablado. Tenía que seguir el ejemplo de Abraham. En la oración final, le prometí a Dios
que aunque no entendía todos los detalles, iba a obedecer
su Palabra.

Esa misma madrugada empacamos nuestras maletas
y comenzamos el regreso a Nueva York. Sinceramente no
recuerdo mucho el camino, aunque fui el chofer. Mi esposa y mis niñas durmieron casi todo el trayecto. En esas
horas de silencio, el Espíritu Santo cortó con su espada
mi corazón en mil pedacitos. Me sentí pequeño, incapaz
e ignorante. Me sentí como un pordiosero, un necesitado,
un pobre hombre que depende por completo de otro, un
gusano. Esta era la obra del Espíritu Santo. Aunque me
sentí tan débil, no me sentí desesperado. Había en mí una
confianza muy grande. Cuanto más pequeño, más confiado y seguro me sentía. La confianza en mi propio conocimiento y habilidades desaparecieron. Mi confianza en el
Dios Todopoderoso, *El Shaddai*, aumentó. Él, solo Él, podía

producir un milagro. Él, solo Él, podía cambiar mi corazón y renovarme.

Durante las paradas de descanso, de almuerzo y de reabastecimiento de gasolina, saqué varias veces mi Biblia para leer Génesis 17. Me di cuenta que la travesía espiritual de Abraham no comenzó allí, sino en su tierra natal, muchos años antes. Me propuse estudiar la vida de Abraham en detalle. Dios iba a revolucionar mi vida.

Qué diferentes son los caminos de Dios. Cuántas veces pensamos que Él prefiere a los creyentes fuertes, sólidos, victoriosos. Aparentemente Dios prospera a los que se esmeran, a los que siempre están haciendo algo en la iglesia. ¿Acaso no son estos los que siempre están testificando acerca de lo que Dios está haciendo en sus vidas?

Mi esposa y yo tenemos dos niñas y un varoncito: Anafaye de once años, Christy Joy de ocho y David de dos años. Los amamos igualmente. No podemos decir que amamos a uno de ellos más. Sin embargo, cuando uno de ellos se enferma o se siente mal, volcamos todos nuestros esfuerzos para atenderlo y consolarlo. ¿Por qué? Porque el enfermo necesita nuestra atención más que los que están sanos. Si nosotros, siendo padres imperfectos, sabemos dar buenas dádivas a nuestros hijos, cuánto más nuestro Padre, que no escatimó ni a su propio Hijo, nos cuidará y nos proveerá buen cuidado. Esta no es una revelación personal, humana. Esto lo dijo Jesús.

¿Está pasando por un desierto de soledad? ¿Le ha prometido Dios algo y no lo ha recibido? ¿Está esperando dirección de Dios y aparentemente no llega? ¿Hay una amenaza sobre su vida, sobre su familia, sobre su matrimonio? ¿Es despreciado? ¿Son sus talentos menospreciados? ¿Se siente olvidado? ¡No se desespere! El Dios Todopoderoso está a punto de aparecer en su vida.

3 En el altar del sacrificio

Al llegar a casa, comencé a leer todo el relato de la vida de Abraham. Durante los siguientes cuatro meses me concentré en su historia. El Espíritu Santo me hablaba siempre que abría la Biblia y leía detenidamente sobre el Padre de la fe. En estos próximos capítulos señalaré algunas de las cosas que Dios me mostró. Este no fue el principio del proceso de renovación en mi vida. Dios lo había comenzado anteriormente. Pero aquí tuve conciencia de que Él me estaba renovando. Prepárese. Dios también hablará a su vida.

Generalmente, cuando leemos acerca de Abraham, comenzamos con el capítulo 12 de Génesis. Esta vez, comencemos en el capítulo 11:

> Estas son las generaciones de Taré: Taré engendró a Abram, a Nacor y a Harán; y Harán engendró a Lot (v. 27).

El padre de Abraham se llamaba Taré. «Y tomó Taré a Abram su hijo, y a Lot hijo de Harán, hijo de su hijo, y a Sarai su nuera, mujer de Abram su hijo, y salió con ellos de Ur de los caldeos, para ir a la tierra de Canaán; y vinieron hasta Harán, y se quedaron allí» (v. 31).

Este pasaje me sorprendió. Dios había llamado a Abram solamente. En el capítulo 12, la Biblia dice:

> Pero Jehová había dicho a Abram: Vete de tu tierra y de tu parentela, y de la casa de tu padre, a la tierra que te mostraré (v. 1).

El mandato de Dios a Abraham había sido claro: vete de la casa de tu padre, de tu parentela y de tu tierra. Como latinos, sabemos muy bien que en nuestras culturas se respeta a los padres. Nuestros padres son la cabeza de la familia. Tienen el derecho de dirigirnos, aconsejarnos y encaminarnos en la vida. Estoy seguro que Abram se sintió así. Taré era su padre. Era el jefe del clan y de toda la parentela. Era el sacerdote de la familia. En aquellos tiempos, el padre era el sacerdote, el representante de la familia ante los dioses. Cuando Abram anunció que Dios le había mandado salir de su tierra natal, Taré tomó el liderazgo. Si Abram su hijo se iba, Taré debía ser el líder de la expedición a Canaán. Como tal, Taré tomó a Abram, Sarai y también a Lot, su querido nieto, quienes debieron seguirlo.

Dios le había dado a Abram una dirección general. La tierra prometida estaba en Canaán. Hacia allá partió Taré, Abram, Sarai y Lot. Al llegar a una ciudad llamada Harán, se detuvieron. Estoy seguro que Taré decidió quedarse. Abram estaba siendo dirigido por su padre. Taré era un estorbo.

Josué 24.2 dice:

> Y dijo Josué a todo el pueblo: Así dice Jehová, Dios de Israel: Vuestros padres habitaron antiguamente al otro lado del río, esto es, Taré, padre de Abraham y de Nacor; y servían a dioses extraños.

Harán era una ciudad situada en la carretera por la que marchaban con frecuencia ejércitos y caravanas de comerciantes. Era un centro mercantil y un centro religioso. Las excavaciones hechas en esta región han revelado que esta ciudad tuvo un templo dedicado a Sin, el dios Luna. El nombre de Harán significa lugar seco y árido, lugar quemado, ardiente. En esta ciudad idólatra y seca vivió Abram por orden de su padre Taré.

Taré representaba para Abram una atadura cultural, religiosa y mental. Servía a dioses extraños. Era sacerdote del dios Sin. El mandato de Dios de salir de su tierra natal era para Abram solamente (Isaías 51.2). Solo después de la muerte de Taré (Génesis 11.32) pudo Abram salir de Harán hacia la tierra que Dios le mostraría (12.4). Al partir, Abram dejaba atrás las influencias idólatras de su familia. Entonces Dios comenzó a revelársele más claramente. Hasta ese momento, la promesa de Dios no era más que eso: una promesa. En Génesis 12.1-3, Dios le promete siete cosas, un pacto perfecto:

1. Haré de ti una nación grande
2. Te bendeciré
3. Engrandeceré tu nombre
4. Serás de bendición
5. Bendeciré a los que te bendijeren
6. Maldeciré a los que te maldijeren
7. En ti serán benditas todas las familias de la tierra

En cuanto a la tierra, Dios se la iba a mostrar y, con respecto a su descendencia, Dios iba a tener que hacer un milagro porque Sarai era estéril.

Sin embargo, hay una gran distancia entre una profecía y su cumplimiento. Abram recibió la promesa inicial en la cual Dios le mostraba la tierra. Pero en el camino se detuvo porque estaba atado a su padre y a su cultura. Cuando se desligó de su padre, de su cultura y de las creencias familiares, comenzó a recibir clara dirección de Dios. Un día, salió rumbo a Canaán (v. 5) y llegó al valle de More, en Siquem. Allí, se encontró con un problema. Canaán, el territorio prometido por Jehová, estaba ocupado por los cananeos. Pero en ese momento de duda, Dios se le apareció. En el 12.7 la Biblia dice:

> Y apareció Jehová a Abram, y le dijo: A tu descendencia daré esta tierra. Y edificó allí un altar a Jehová, quien le había aparecido.

Abram ya había puesto su pie en la tierra aunque aún no la había conquistado. Dios le promete «esta tierra». Estando en Ur, Dios no le podía decir esas palabras. En Harán, no le dijo dónde estaba la tierra prometida. Pero cuando dejó su clan, su seguridad y llegó a un lugar desconocido e incierto, ocupado por gente hostil, Dios le muestra un poco más de la visión. ¿Qué hizo Abram? Adoró. Levantó un altar. Luego, dice el versículo siguiente que continuó hasta Betel, plantó su tienda y edificó otro altar e «invocó el nombre de Jehová» (v. 8).

Dios me habló muy directamente. No podía apoyarme en mis compañeros, líderes, familiares ni amistades. Debía confiar en Él, aun cuando hubiera amenazas. Debía pasar por alto las circunstancias y levantar altares de adoración al Señor.

Qué difícil es obedecer a Dios cuando nos manda a apoyarnos exclusivamente en Él. Preferimos hablar de nuestras necesidades con nuestro hermanos y hermanas, en busca de compasión. Corremos rápidamente al teléfono para comunicarnos con aquellos que han de condolerse de nuestros problemas. Pedimos oración a todo el mundo. Clamamos a Dios, quejándonos del dolor.

Dios no trató con Abram hasta que este abandonó la seguridad familiar y comenzó a levantar altares en adoración absoluta. En mi caso, tuve que hacer lo mismo. Lo primero fue evitar hablar con mis compañeros de trabajo y de ministerio. En los meses siguientes mi oración fue: «¡Señor, no sé adorarte, enséñame! Quiero adorarte e inclinarme en este altar, pero no sé cómo hacerlo. ¡Enséñame!»

Con un «Lot» en el corazón

Abram estaba ya en camino a la transformación, a la renovación. Yo también. Todavía faltaba mucho. Lot, su sobrino, estaba con él. Aunque no tenía una persona que representara el concepto de «Lot», tenía a Lot en mi corazón.

En el capítulo 13 de Génesis, Abram y Lot acampaban juntos. Abram tenía un estilo de vida diferente a Lot. Aunque los dos eran prósperos, solo Abram invocaba el nombre de Jehová y edificaba altares. Lot únicamente tenía muchas ovejas, vacas y tiendas. Los altercados llegaron. El éxito y la prosperidad sin Dios traen conflictos. Abram y Lot llegaron a un acuerdo. Se debían separar, cada uno por su camino. Abram le dio a escoger primero. Si Lot optaba irse por la izquierda, Abram se iría por la derecha. Si Lot escogía por la derecha, Abram se iría por la izquierda. En el capítulo 13 de Génesis, versículo 10 en adelante, note el comportamiento de Lot:

1. *Alzó Lot sus ojos.* Este fue el comienzo. Lot analizó todo el territorio. Lo estudió. Era un experto, tenía conocimiento. No hay nada malo en alzar los ojos, dependiendo hacia dónde los dirijamos.

2. *Vio toda la llanura del Jordán, que toda ella era de riego, como el huerto de Jehová, como la tierra de Egipto en la dirección de Zoar, antes que destruyese Jehová a Sodoma y a Gomorra.* Luego que vio, analizó. Detuvo los ojos para mirar más de cerca. Cuando se fijó detenidamente en el valle del Jordán, en dirección a Sodoma y Gomorra, se entusiasmó. Pensó que el territorio se parecía al huerto de Jehová. Aparentemente, lo que vio era tan hermoso que se le pareció al concepto que tenía del huerto del Edén. Para él, todo lo próspero era de Dios. Pero hay un proverbio muy conocido que dice que todo lo que brilla no es oro. Ese proverbio refleja una verdad espiritual muy poderosa. No todo lo que se presenta prometedor, positivo, cómodo, práctico, con sentido, bien recomendado, es de Dios.

3. *Lot escogió para sí toda la llanura del Jordán.* Aquí viene la decisión. Escogió lo bueno en apariencia. Cuando uno no ha rendido totalmente su vida al Señor, analiza las cosas desde un punto de vista práctico. Si algo da resultados, es bueno; si todos están de acuerdo, debe ser de Dios; si trae alegría y éxito, debe ser de Dios. A menudo

tomamos decisiones mirando las circunstancias, las personas y las apariencias. Así era el espíritu de Lot.

4. *Se fue Lot hacia el oriente.* Lot se pone en camino y se dirige en dirección opuesta a la bendición.

5. *Se apartaron el uno del otro.* Lot pensó que sacaba la mejor parte. Era tiempo de alejarse de Abram. Era tiempo de separarse. Lot se estaba apartando de la bendición.

6. *Lot habitó en las ciudades de la llanura, y fue poniendo sus tiendas hasta Sodoma.* Al separarse de Abram, se fue acercando a Sodoma. Se separó de la bendición y se acercó a la destrucción. Lot se apartó de un hombre bendecido y ungido.

Miremos ahora a Abram. Abram fue diferente. En los próximos versículos, hace lo siguiente:

1. *Jehová dijo a Abram: Alza ahora tus ojos.* Lot alzó los ojos sin esperar en Dios. Miró en la dirección que le parecía mejor. Abram era un constructor de altares. Era un adorador. Sabía esperar en Dios. Cuando Dios le dio la orden, alzó los ojos.

2. *Mira desde el lugar donde estás hacia el norte, y el sur, y al oriente y al occidente.* ¿Dónde estaba Abram? En el lugar de adoración, en el altar, entre Betel y Hai. Betel significa «casa de Dios» y Hai significa «ruina». Abram estaba adorando a Jehová entre la ruina y la gloria de Dios. Qué tremendo lugar. Qué tremenda lección. Desde ese lugar, Abram podía ver la tierra con una mente clara, entendida. Desde el lugar de adoración podemos ver la voluntad de Dios muy claramente. Abram pudo discernir que estaba en el lugar de decisión. Lot eligió irse en dirección a la ruina. Alzó los ojos desde donde no debía, desde un lugar donde no podía hacer una decisión sabia, desde un lugar donde podía ver únicamente lo que en apariencia era hermoso pero en realidad era destructivo. Abram, desde el lugar de adoración, vio la bendición.

En el lugar de adoración, Dios le declara que su descendencia será innumerable. En el lugar de adoración Dios ordena a Abram levantarse y caminar por la tierra, que ya le pertenecía. Desde el lugar de adoración, Abram salió a pisar la tierra que Dios le había prometido.

3. *Abram, pues, removiendo su tienda, vino y moró en el encinar de Mamre, que está en Hebrón, y edificó allí altar a Jehová.* ¿Cómo fue que Abram terminó en el encinar de Mamre? Un día, Jehová y sus dos ángeles llegarían a Mamre (capítulo 18) y visitarían a Abram y a Sara para anunciarles el nacimiento de Isaac y la destrucción de Sodoma y Gomorra. En el lugar de adoración Dios no nos «encubre» su voluntad, sino que nos trata como a amigos.

¿Cómo terminó Abram? Lea la genealogía de Jesús en el capítulo 1 del Evangelio según Mateo. Abraham engendró a Isaac, Isaac a Jacob, Jacob a las tribus de Israel de las que desciende el rey David, y de este María y José, padres de nuestro Señor Jesús, el Mesías, la bendición de todas las familias de la tierra. ¿Cómo terminó Lot? Sentado a la puerta de Sodoma (19.1). Solamente los líderes de la ciudad se sentaban en la puerta principal. Lot terminó siendo líder de Sodoma, llamando a los sodomitas «hermanos» (v. 7) y ofreciendo a sus propias hijas para que los sodomitas hicieran de ellas «como bien os pareciere» (v. 8). Lot finalmente perdió a su esposa. Terminó destruido, en una cueva, borracho, cometiendo incesto con sus dos hijas. De esa horrible unión sale la descendencia de Lot: Moab, el padre de los moabitas, y Ben-ammi, el padre de los amonitas. Ambos fueron enemigos de Dios y de su pueblo Israel.

Abram estaba en el camino correcto. Era un hombre que confiaba en Dios, si bien no totalmente. En el capítulo 15 tiene otro encuentro con Dios. Dios se le aparece en visión y le reitera la promesa de una descendencia. De nuevo le repite esas dulces y fortalecedoras palabras:

> No temas, Abram; yo soy tu escudo, y tu galardón será sobremanera grande (v. 1).

¡Qué alentadoras palabras! ¡Qué consoladoras palabras! Abram estaba en buen camino.

Rumbo a la renovación

Abram aún no había llegado al lugar del milagro. En el versículo 2 leemos: «Y respondió Abram: Señor Jehová, ¿qué me darás, siendo así que ando sin hijo?» Todavía estaba pensando en la promesa, en la bendición, en la manera en que Dios iba a proveer. Esto es exactamente lo que me estaba sucediendo camino a la renovación. Varias preguntas me atormentaban: ¿Qué hará Dios para librarme de esta acusación? ¿Cómo lo hará? ¿Cuánto tardará? Confiaba en Dios, pero la situación no mejoraba, sino que empeoraba. Se estaban llevando a cabo más reuniones. Otro grupo de personas ya estaba hablando por otra emisora de radio. Me acusaron de ser un mafioso, de que había contratado los servicios de unos matones para amenazar a una familia y para destruir un automóvil. Alguien llegó a nuestra radio con preguntas malintencionadas y lo grabó con una grabadora de bolsillo. Otros estaban haciendo investigaciones policiales en cuanto a mis asuntos personales. Mi nombre estaba siendo manchado.

La situación de Abram empeoraba porque sabía que los años avanzaban. No contaba con la cooperación de Sara porque ella era estéril. A pesar de que Dios se le apareció en el capítulo 15 e hizo un pacto con él, Abram no entendió completamente. En el próximo capítulo vemos que Abram toma la iniciativa y tiene un hijo con su esclava Agar y lo llaman Ismael. Tenía ochenta y seis años. Todavía estaba en capacidad de procrear. Pero mientras Abram actuaba por su cuenta, Dios esperaba.

Durante esos meses Dios me ordenó que no hiciera absolutamente nada. No debía defenderme ni hablar del asunto. No debía hacer comentario alguno cuando otros fueran a informarme de lo que mis detractores estaban diciendo. Dios me ordenaba estar quieto. Pero ahora llegamos al verdadero mensaje. En Génesis 17.1 la Biblia dice:

Era Abram de edad de noventa y nueve años, cuando le apareció Jehová y le dijo: Yo soy el Dios Todopoderoso; anda delante de mí y sé perfecto.

Abram había cumplido noventa y nueve años. Ya era un anciano y no podía tener hijos. Estaba casi muerto. En el peor momento, cuando ya no puede hacer nada, cuando está al borde del desastre, se le aparece el Dios Todopoderoso. Por primera vez en la Biblia, Dios se revela con este nombre. En hebreo es *El Shaddai*. Este nombre se deriva de la palabra *shad* que significa «pecho». El nombre *El Shaddai* pinta el cuadro de una madre que alimenta a su niño con leche materna hasta dejarlo totalmente satisfecho. *El Shaddai* es el Dios que es más que suficiente, el que nos satisface totalmente.

Nada satisface tanto a un niño como la leche materna. Además de alimentarse, el niño recibe el calor de la madre al estar en sus brazos varias veces al día, incluso a altas horas de la noche. Mis hijos pasaban por lo menos cuatro o cinco horas al día en los tiernos brazos de su madre, muy cerca de los latidos de su corazón. Desde allí, simplemente levantaban los ojos y miraban la dulce sonrisa de su mamá, oían su voz y se sentían seguros, amados. Ese es el concepto que expresa el nombre *El Shaddai*. Dios nos aprieta en sus brazos, nos sabe consolar, es paciente con nosotros, nos alimenta hasta que quedamos satisfechos, nos habla con cariño y nos hace sentir seguros.

El Shaddai se apareció en la vida de Abraham para «multiplicar en gran manera» (vv. 2,6). Pero note en qué momento se reveló. Cuando Abram tenía noventa y nueve años. Cuando no podía producir más. Cuando Abram murió al yo, *El Shaddai* se reveló.

El *Shaddai* se aparece en desiertos, en pruebas, en momentos amargos. La viuda Noemí dice en Rut 1.20:

No me llaméis Noemí, sino llamadme Mara; porque en grande amargura me ha puesto el Todopoderoso [*El Shaddai*].

El *Shaddai* se menciona treinta y cinco veces en el libro de Job, el prototipo del creyente que pasa por una prueba. El *Shaddai* es el Dios que se revela cuando no hay salida, cuando no hay solución. El *Shaddai* es el Dios que en medio del desierto llega para multiplicar, para hacer fructificar, para renovar. Pero, ¿cuándo llega? Cuando morimos a nuestras habilidades, a nuestras fuerzas y a nuestras capacidades. El *Shaddai* se manifestó en la vida de Job cuando dejó de autojustificarse, cuando dejó de preguntarse por qué había llegado la calamidad a su vida, cuando cesó de cuestionar a Dios. Cuando Job se rindió y reconoció que ni él ni sus amigos podían comprender bien las cosas de Dios, El *Shaddai* habló, consoló y le devolvió todo lo que había perdido, aumentándole al doble (42.10). El *Shaddai* multiplica cuando reconocemos lo que Job declara en el capítulo 42:

1. «Yo conozco que todo lo puedes» (v. 2)
2. «No hay pensamiento que se esconda de ti» (v. 2)
3. «Yo hablaba lo que no entendía» (v. 3)
4. «Yo no comprendía» (v. 3)
5. «Oye, te ruego, y hablaré» (v. 4)
6. «Te preguntaré, y tú me enseñarás» (v. 4)
7. «De oídas te había oído; mas ahora mis ojos te ven» (v. 5)
8. «Me aborrezco, y me arrepiento» (v. 6)

Job no había hablado lo recto, pero se arrepintió. Sus amigos no hablaron lo recto, pero no se arrepintieron. Eran muy sabios y entendidos. Por lo tanto, Dios encendió su ira en su contra, de tal manera que tuvieron que ir a Job para que orara por ellos.

Abram hizo lo mismo con El *Shaddai*. Se postró y le

adoró. Ya no podía razonar más, no podía discutir con Dios. Ya era viejo, lo había intentado, pero sin éxito. Cuando trató de producir su descendencia, produjo a Ismael, un muchacho problemático, fruto de la obra de la carne. Ahora no podía más. Cuando Abram se rindió, *El Shaddai* comenzó. Ya no tenía que hablar. Las palabras eran insignificantes. *El Shaddai* se había revelado.

En el momento de adoración, inclinado ante la autoridad majestuosa de *El Shaddai*, Abram se pone en las manos del Todopoderoso. Y Dios actúa. En el versículo 5, Dios dice: «Y no se llamará más tu nombre Abram, sino Abraham, porque te he puesto por padre de muchedumbres».

Un pacto es un intercambio de vidas

En el lugar de adoración, Dios hace un pacto con Abram. Cuando dos personas hacían un pacto así, prometían ser amigos de sus amigos y enemigos de sus enemigos, compartían deudas y riquezas. Se juraban amistad y lealtad, y lo sellaban con derramamiento de sangre de animales. *El Shaddai* hace un pacto con Abram. Él le entrega su cuerpo de anciano sin posibilidades, casi muerto, y Dios le devuelve multiplicación, generaciones de naciones y reyes. Abram le entrega muerte y Dios le da vida. Abram, el padre exaltado, le entrega su nombre y *El Shaddai* le devuelve otro nombre, Abraham, padre de multitudes.

Es en ese lugar de total rendición que Dios nos cambia, nos renueva. Dios renovó a Abram que se transformó en Abraham. ¿Cuándo lo hizo? Cuando Abram se rindió porque no tenía más fuerzas, porque después de intentarlo todo, no había logrado alcanzar la promesa.

Ese día, Dios cambió el nombre de Abram y el suyo también. Desde ese día, se hizo identificar como el «Dios de Abraham». Dios selló un pacto sin reservas con Abraham y puso su nombre como firma.

Ese mismo Dios trató conmigo en medio de mi caótica situación.

Ahora bien, cuando *El Shaddai* aparece, siempre pide algo. A Abraham le pidió que anduviera delante de Él y que fuera perfecto. ¿Cómo se puede caminar delante de Dios y ser perfecto? Hay una sola manera ante los ojos de Dios: morir al yo. Morir a lo que vemos con nuestros ojos, a nuestros talentos y habilidades, a nuestras opiniones, razonamientos y soluciones. Depender totalmente de Él y esperar en Él. Hay una sola manera de caminar delante de Dios: andar en su presencia. Hacer lo que hizo Job, que reconoció que no sabía nada y que lo único que podía hacer era preguntar, oír y aprender.

¿Cómo salió Abraham de esa experiencia? ¿Podemos decir que todo se arregló instantáneamente? ¡No! Abraham todavía tenía problemas.

1. *Su edad.* Tenía noventa y nueve años. El escritor del libro a los Hebreos dice en el capítulo 11 versículo 12 que Abraham estaba «ya casi muerto».

2. *No habitaba en una ciudad.* Todavía vivía en una tienda. Una tienda no es una vivienda permanente. En aquellos tiempos los beduinos nómadas habitaban en tiendas. Eran nómadas porque simplemente vivían de territorio en territorio, nunca establecidos permanentemente en ningún sitio. Abraham vivía como un nómada. No estaba establecido en la tierra que Dios le había prometido. Además, el escritor a los Hebreos nos dice en el capítulo 11, versículo 9, que Abraham habitó en esa tienda temporal como un «extranjero». Esto significa no tener derechos, privilegios, ciudadanía. Los cananeos trataron a Abraham como a un inmigrante, como a un forastero, como a un intruso, posiblemente como a un invasor. Aquella tierra era «ajena».

Pero el escritor de Hebreos continúa diciendo en el versículo 10 que Abraham «esperaba» por una ciudad que tenía fundamentos. Una tienda no tiene fundamentos, está levantada en un terreno temporalmente. El propósito de una tienda es que si hay que mudarse, se puede empacar rápido, desarmar la tienda e irse a otro sitio. Abraham no se fue. Abraham aprendió que Dios iba a edificar la ciudad prometida. Tenía que quedarse en la tienda. Debía esperar en el arquitecto y constructor, Dios, *El Shaddai*.

Cuando Job se rindió y reconoció que no entendía, todavía estaba bajo aflicción, enfermo, pobre y de luto por la pérdida de sus hijos e hijas.

Cuando oró por sus amigos, todavía estaba afligido. Eso es fe.

Por más de cuatro meses, mientras la situación empeoraba y las acusaciones aumentaban, Dios me mostró que debía «morir». Debía rendirme en sus manos. Debía mantenerme en silencio frente a las acusaciones y esperar que *El Shaddai* produjera un milagro. Debía quedarme en esa situación precaria, peligrosa, sin tratar de armar una defensa. Esa casa la iba a edificar Él. Me tenía que quedar en la tienda de la fe, dispuesto a ser tratado como un extranjero, un acusado en tierra ajena. Tenía que estar dispuesto a perdonar a los que me estaban hiriendo y debía orar por ellos. Tenía que comportarme como un extranjero que no tiene derecho a recibir justicia. Fue difícil, porque no conocía muy bien los caminos de Dios. No lo conocía en esta dimensión. Aprendí a conocerlo en el desierto, en la debilidad, en el dolor.

Si usted está pasando por una situación imposible, Dios está listo para hacer un pacto con usted. El primer paso que debe dar es abandonar todo plan, todo diseño, toda esperanza puesta en su conocimiento, amistades, familia, recursos. El que se abandona en los brazos de *El Shaddai*, quedará totalmente satisfecho. Él será el arquitecto y constructor de su salida, de la solución. Mientras tanto, deberá quedarse a esperar que Él comience la construcción.

Abraham nunca vio esa ciudad prometida, tampoco su hijo Isaac, ni Jacob, ni aun José, su biznieto. Pero José tuvo tanta fe que ordenó que sus huesos debían ser enterrados en la tierra prometida. La obra de Dios toma tiempo, pero trasciende de generación a generación. Confíe en su Dios. Aunque no vea el cumplimiento de las promesas en su generación, ¡no tema! Él puede hacerlo en sus hijos y en sus nietos.

Cuatrocientos años más tarde, Dios levanta a Moisés para sacar de Egipto al pueblo de Abraham, al pueblo de la promesa. Aunque Moisés no entra a la tierra prometida, Josué sí lo hace y establece ciudades, ya no tiendas temporales, sino casas con cimientos y con el tiempo se establece el reino de Israel. Esto sucedió cientos de años después de Abraham. Abraham creyó que iba a suceder, cuando murió a su yo, a su carne y a sus habilidades de lograr la promesa con sus fuerzas. ¿Cuándo se rindió? Lo hizo a los noventa y nueve años. Espero que a usted no le tome tanto tiempo. Ríndase al Señor. Permítale que Él sea su defensor, su abogado y su jefe de relaciones públicas. *¡El Shaddai, el que es más que suficiente, es su Dios!*

4 Selah

Los meses siguientes fueron muy difíciles. Por un lado, Dios me estaba enseñando a morir en el altar del sacrificio. Aunque este proceso no es nada placentero, tenía la certeza de que Dios estaba obrando. Por otro lado, la situación no cambiaba. Durante esos días, Dios me cobijó con su presencia. No lo conocía de esta manera. Para mí, Dios era mi Señor, mi Jefe, mi Rey, mi Director, mi Líder. Apenas comenzaba a conocer a *El Shaddai*, mi amparo, mi padre, mi madre, mi amigo, mi hermano, mi pastor, mi doctor, mi enfermero, mi proveedor, mi todo. En esos meses, decidí no oír los datos negativos. Informé a mis compañeros de trabajo que no me dijeran lo que se rumoraba. Cerré los oídos a todas las calumnias.

En esos cuatro meses concentré toda mi atención en lo que Dios estaba haciendo en mí. Cuando uno se rinde en las manos del Todopoderoso, no se defiende, no actúa, no explica. Simplemente espera que Dios, el abogado, ejecute. Esperaba que Él callara milagrosamente a estas personas, que las avergonzara en público, que interviniera de manera directa. Pero no sucedió así. Él es el que obra. Y cuando lo hace, lo hace maravillosamente bien. No usa nuestros mecanismos. ¡Él es innovador! Debo confesar que me sorprendió.

Una invitación providencial
Una tarde llegaron a visitarme unos queridos amigos de Argentina

en camino a otra ciudad. Iban a asistir a una cruzada de
milagros de Benny Hinn, un reconocido hombre de Dios.
Este famoso predicador era el mismo que Dios había usado para hablarme cuatro meses atrás. Estaban entusiasma-
dos. Querían recibir un toque de Dios y habían viajado
desde Argentina con ese único propósito. Mi amigo Omar
había venido con uno de los más importantes líderes de
la Iglesia en Argentina, el pastor Pedro Ibarra. Cuando me
encontré con el pastor Ibarra, me di cuenta que estaba
frente a una persona humilde, totalmente rendida en las
manos de Dios. Su mirada, su porte, su manera de hablar,
me impresionaron profundamente. Esa tarde pasamos
momentos muy agradables.

Pedro Ibarra me contó lo que Dios estaba haciendo en
su país y en su iglesia en particular. Me describió cosas
gloriosas. Aunque me regocijé con ellos, pensé que lo que
relataba era solo para Argentina. Dios estaba revolucio-
nando a la iglesia de ese país. También me contó que tenían que sacar a la gente «borracha» de los cultos,
poderosamente tocada por Dios. La presencia de Dios, la
«unción» del Espíritu Santo, era tan irresistible que cientos
de personas se desplomaban y eran sanadas, libertadas,
consoladas y llenas del Espíritu Santo.

Todo esto había comenzado después que Benny Hinn
orara por el pastor argentino Claudio Freidzon, quien al
regresar a su país comenzó a ver en su iglesia un cambio
radical. Explosión de milagros, liberaciones, risa incontro-
lable y miles de almas salvas resultaban de cada reunión.
Ese mismo mover del Espíritu comenzó a extenderse por
las iglesias en todo el país. Los hermanos de Argentina
testificaban cosas grandes. Sus rostros brillaban. Y yo oía.
Pensaba que todo esto era para Argentina, no para mí. Me
invitaron a ir a la cruzada en Toronto, Canadá. Aunque
mi hermano Rubén ya había hecho planes para ir, decidí
no hacerlo. Estaba ocupado y totalmente concentrado en
lo que Dios estaba haciendo en mi vida.

A las tres de la tarde, mientras los hermanos se estaban despidiendo, sentí que Dios me impulsaba a ir con ellos a la cruzada. Obedecí de inmediato. Llamé a la agencia de viajes y milagrosamente conseguí pasajes. Nunca había asistido a una cruzada del pastor Benny Hinn. Aunque había estado en su iglesia en Orlando y había visto muchos videos de sus campañas, no estaba preparado para presenciar lo que vi. Al entrar en ese gran estadio de hockey, me sentí como si hubiese ingresado a una planta eléctrica. Había más de veinte mil personas adorando a Jesús, dándole la bienvenida al Espíritu Santo. Esa noche, Dios hizo milagros físicos impresionantes. Aunque estaba acostumbrado a ver milagros, no lo estaba al estilo del pastor Benny. No oró por ningún enfermo en particular. Simplemente adoró cantando, orando, llevando a la gran multitud a honrar la presencia del Espíritu Santo. En un momento dado, en medio de la adoración, comenzó a declarar que los enfermos estaban siendo tocados y sanados por el Espíritu. De repente, se oyeron gritos de gozo y la gente comenzó a correr hacia el frente para testificar. Fue un culto maravilloso.

A la noche siguiente, pudimos sentarnos en la primera fila del auditorio, frente a la plataforma. Me sentía sumamente hambriento. Deseaba ser un instrumento de Dios. Pero no como el pastor Benny Hinn. Dios lo usaba a él en sanidades, en milagros, en la unción. Yo no tenía ese llamamiento. Dios me había llamado a trabajar en la radio, a enseñar, a invadir terrenos nuevos como la televisión y la radio internacional. No era evangelista. Cuando llegaba el momento de orar por los enfermos, buscaba que otro lo hiciera. Allí, en la primera fila, esperaba que Dios me tocara, que me fortaleciera y me ungiera para continuar trabajando en la tarea que me había sido encomendada.

¿Qué haces, Espíritu Santo?

En un momento, durante la adoración, el pastor Hinn detuvo la música. Anunció que hacía dos semanas había sentido una carga especial por algunas personas que Dios quería tocar esa noche. Inmediatamente descendió de la plataforma y se dirigió a los que estábamos sentados en la primera fila. Cuando impuso sus manos sobre mi cabeza, sentí que el poder del Espíritu Santo penetró en mi cuerpo de la cabeza a los pies. Caí de bruces al piso. Allí me quedé, no sé por cuánto tiempo. No perdí el conocimiento, estaba consciente de lo que estaba sucediendo, el Espíritu Santo me estaba operando. En esos momentos, Dios me llenó con su presencia. Nunca la había sentido de esa manera tan gloriosa. Finalmente me levantaron. Al sentarme en la silla, le expresé mi agradecimiento al Espíritu Santo por la «experiencia» gloriosa que había tenido. Esa noche entendí que Dios había manifestado su presencia y su gloria sobre mí como lo había hecho con Moisés, con Isaías, con Pablo y con muchos. Terminó la cruzada y todos volvimos a nuestros respectivos ministerios. Al volver a la emisora, tuve que retomar mis responsabilidades. Una de ellas era participar en el «maratón radial» de fin de año. En esas semanas suspendíamos la programación regular para recaudar los fondos para sufragar los gastos del ministerio radial. La meta ese año era de casi un millón de dólares.

Esa tarde tuve que salir al aire para predicar y luego hacer una apelación a los donantes. Camino al estudio de radio tuve un sentir. Nació en mí el deseo de adorar al Señor en la radio, en vivo. Esto nunca se había hecho. Rápidamente busqué música de adoración. No pude encontrar mucha variedad.

Nuestra emisora prefería tocar música cristiana popular, interpretada por cantantes cristianos de renombre. A duras penas pudimos encontrar dos o tres grabaciones de música de adoración. Deseaba adorar al Señor. En la cruzada de Toronto había visto y experimentado el poderoso mover del Espíritu Santo en medio de la adoración. Nadie había gritado, nadie había levantado la voz, pero en la adoración y exaltación de Jesucristo suave, lenta y profunda, Dios había tocado a miles y había revolucionado mi corazón. Quería hacer lo mismo por radio. Quería adorar a Cristo, sabiendo que esto agradaría al Espíritu Santo. Solo unas pocas horas antes había visto que cuando se le da la bienvenida al Espíritu Santo, este se agrada de la adoración a Jesucristo y comienza a repartir virtud, gracia, salud, bendición, consolación y poder.

Salimos al aire a adorar. Por lo general, lo hacíamos para predicar o para pedir ofrendas durante los radiomaratones. Pero estaba saliendo al aire a adorar en vivo y lo menos que sentía era deseos de pedir ofrendas. La música de adoración comenzó a fluir por el ambiente. Dejé mi micrófono encendido. Esto no se hace en la radio. Cuando se toca música cantada no se habla y cuando se habla no se toca música cantada. Esta vez, cambiamos. Al oír la música en mis audífonos comencé a cantar también. De repente me puse a llorar. El operador de radio continuó poniendo música y yo seguía orando, llorando, adorando y alabando al Señor con el micrófono abierto. Antes lo había hecho en la privacidad de mi hogar, pero en ese momento lo estaba haciendo públicamente.

Bajo la gloriosa manifestación de su presencia en aquella cabina de radio comencé a confesar mis pecados, mis faltas y mis debilidades. No me daba cuenta que miles me estaban oyendo. Simplemente estaba consciente de que me postraba frente al trono majestuoso del Rey Jesucristo. Sin darme cuenta, adoré al Señor en vivo durante más de dos horas. Me olvidé de la radio, del maratón de ofrendas, de los formatos radiales, de la audiencia, de las personas que estaban a mi lado, de todo. Estaba adorando de corazón, en espíritu y en verdad.

Cuando abrí los ojos, el locutor y los hermanos que atendían los teléfonos me informaron que cientos de personas estaban llamando para decir que la presencia de Dios se estaba manifestando en sus hogares y que no se podían mantener en pie. Algunos habían recibido milagros físicos espectaculares, otros habían sido llenos del Espíritu Santo, varios habían llamado para recibir a

Jesucristo como su Salvador personal y muchos fueron liberados al instante de opresiones diabólicas. El más sorprendido fui yo. Esto nunca me había pasado. Solo sucedía cuando algún evangelista dinámico venía a la radio. Pero para mí era algo nuevo. Decidimos sacar al aire las llamadas telefónicas. En las tres horas siguientes recibimos llamada tras llamada que declaraban las grandes maravillas que suceden cuando el Espíritu Santo manifiesta su presencia con poder.

Adoración en lugar de maratón Al día

siguiente hicimos lo mismo. Volvimos a adorar a Dios con música de adoración y alabanza. Dejamos los micrófonos encendidos y permitimos que el Espíritu Santo obrara sin límites de tiempo. Y ese día sucedió lo mismo. Las llamadas que testificaban milagros, sanidades, salvación y liberación comenzaron a llover. Nuevamente fui el más sorprendido. En ese mes de maratón de ofrendas no pedimos dinero. No presentamos una sola necesidad financiera. Todo el dinero que necesitábamos ingresó a través de la correspondencia. El pueblo de Dios, al ver la gran manifestación del Espíritu Santo a través de la radio, envió el dinero necesario para cubrir nuestro presupuesto anual. Dios hizo un milagro. ¿Cuándo lo hizo? En el momento en que cesamos de tratar de convencerlos para que enviaran ofrendas. Cuando adoramos a Dios, dirigimos nuestros ojos y corazón a Él y guiamos a otros a mirarlo, *El Shaddai* se manifiesta y multiplica.

Esto causó un impacto tremendo en la ciudad. La gente se preguntaba qué estaba sucediendo en la radio, por qué habíamos cambiado la música, por qué estábamos tocando música de alabanza y adoración, música escritural. La simple verdad es que la presencia del Espíritu Santo se manifestaba tangiblemente siempre que comenzábamos a adorarle, a cantar coros de alabanza. En esos momentos de adoración, el Espíritu Santo comenzó a enseñarnos a adorar en espíritu y verdad. Durante esas horas de humillación pública en la cabina radial aprendí a ser transparente con Dios y con los oyentes; las caretas, el profesionalismo ministerial, se esfumaron. Mi manera rutinaria de orar, alabar y adorar, se transformó en un dulce diálogo con Cristo. Después de unas semanas, nos enteramos que esto no sucedía solamente en Nueva York. Era un mover de Dios a lo largo y ancho de toda Latinoamérica. Nosotros, por cierto, estábamos atrasados, pues Dios había estado renovando la adoración y alabanza de la Iglesia desde hacía varios años.

¿Qué sucedió con la crítica? Cuando Dios se manifestó en la radio en una manera tan pública, los que estaban planeando destrucción guardaron silencio. Los que les prestaban atención se dieron cuenta de que Dios había derramado una nueva unción sobre la emisora y sobre los que trabajaban en ella. Frente a toda esa evidencia de frutos públicos, las bocas se cerraron.

Así pude experimentar a ese Dios que es «mi gloria y el que levanta mi cabeza». Cuando Él nos levanta la cabeza, lo hace derramando su gloria sobre nosotros. ¡Cuántas veces intentamos impresionar a la gente con nuestros conocimientos! ¡Cuántas veces tratamos de proyectarnos, de hacernos propaganda hablando de nuestras experiencias, de nuestros estudios, de nuestro círculo de amistades famosas! ¡Qué inútil es todo eso! ¡Qué ignorantes somos! ¡Qué glorioso es cuando no hablamos, no nos proyectamos, no demandamos honra, respeto, ni posición! Es hermoso cuando Dios derrama su gloria en nuestras vidas y los que nos observan pueden ver lo que Él produce en nosotros. Muchas veces lo deseé. Ahora me estaba sucediendo.

Esta etapa de mi vida fue gloriosa, aunque fue simplemente el primer toque, una nueva revelación de Dios en mi vida. Algunos me decían que debía organizar concentraciones masivas. Otros ya estaban haciendo planes con respecto a mí.

Me detuve, no sabía que hacer. Inmediatamente le pedí directivas a Dios. En ese momento, el ministerio no era lo más importante para mí. Lo único que me interesaba era conocer a Dios y aprender a practicar su presencia. Cuanto más adoraba, Dios más me mostraba los cambios que Él debía hacer en mi corazón. Cuanto más le buscaba, más veía mis necesidades, mis debilidades, mis pecados.

Una tarde en mi hogar, antes de salir hacia un compromiso ministerial, Dios me instruyó que pasara por la oficina. Pensé que el objetivo era que fuese a orar allí. Al entrar, en forma automática separé una silla para arrodillarme. Pero de inmediato sentí el impulso de abrir la Biblia. Aunque uso la Biblia de estudio *Plenitud*, sobre mi escritorio encontré una Biblia de otra editorial. La abrí y mis ojos se fijaron en el Salmo 3, específicamente sobre la palabra *selah*. Sabía que *selah* significa «pausa» en el sentido musical. De pronto sentí un gran deseo de sumergirme en este salmo. Lo conocía bien, lo había leído un sinnúmero de veces y lo habíamos cantado en nuestra iglesia. Pero esta vez era diferente. Dios quería mostrarme algo.

Una calamidad inmensa   Haga un alto y busque su Biblia. Quiero contarle lo que Dios me mostró a través del Salmo 3. Este es uno de los primeros pasos a la renovación.

El Salmo 3 fue escrito por el rey David. Cuando él escribe este salmo, ya no es el joven pastor de ovejas que debe escapar del celoso rey Saúl. David ya es rey absoluto de Israel. Había conquistado a todos sus enemigos y llegado a la cumbre del éxito.

Pero aquí lo vemos en medio de una calamidad inmensa. Absalón, su propio y mimado hijo, lo estaba persiguiendo para matarlo. Su muchacho quería robarle el trono. Su propio hijo estaba destruyendo su carácter, su testimonio y su vida. Aunque David como hombre de guerra estaba acostumbrado a pelear cara a cara con sus enemigos, esta vez no lo hace. El enemigo era su hijo, sangre de su sangre y hueso de sus huesos. Entonces prefiere escapar al desierto, lugar donde escribe el Salmo 63. En aquel lugar árido, este hombre que había sido valiente dice estas palabras:

Dios, Dios mío eres tú; de madrugada te buscaré; mi alma tiene sed de ti, mi carne te anhela, en tierra seca y árida donde no hay aguas (v. 1).

David se encontraba en un desierto sin agua, en tierra seca y árida, solo y perseguido por sus enemigos. Su deseo era buscar a Dios, ver su poder y su gloria como los había contemplado tantas veces en el santuario (v. 2).

En el Salmo 3, sin embargo, comienza a quejarse. Su situación no es inventada, no está soñando. Lo primero que hace es mirar el estado de las cosas. «Cuánto se han multiplicado mis adversarios». Absalón no estaba solo. Había organizado una poderosa conspiración contra el rey, su padre. Hasta algunos ex amigos de David estaban con su rebelde hijo. Y no solamente hablaban contra David, sino que habían salido armados con planes de matarlo. No en vano David dijo:

Muchos son los que dicen de mí: No hay para él salvación en Dios.

Los que lo odiaban esperaban matarlo. Sus amigos no le daban esperanza. Los que le conocían sabían que aquella situación no se había presentado por casualidad. Era un juicio de Dios. David había pecado hacía muchos años atrás. Había tomado una mujer que no era suya. Su nombre era Betsabé, la mujer de Urías, el heteo. Betsabé era hija de Eliam y nieta de Ahitofel de Gilo, un ex amigo de David y ahora consejero principal de Absalón.

El pasado había alcanzado a David. Natán le había profetizado a David que el juicio divino se manifestaría en su casa y que él sería avergonzado públicamente. Ahitofel se quería vengar. Absalón quería ser rey. Dios había prometido juicio por el homicidio encubierto de Urías y el adulterio descarado con Betsabé. David estaba rodeado. No había escape. Me preguntaba por qué Dios me había impulsado a ir a mi oficina. Podía haber orado en mi casa. Pero Dios es muy sabio, porque la Biblia que estaba leyendo (es una Biblia vieja que tengo sobre mi escritorio) tenía la palabra *selah* impresa en un tipo de letra diferente, que se destacaba. El Espíritu Santo me detuvo bruscamente ante esta palabra.

Seguí leyendo. En el versículo 3, David se transforma. De un corazón desesperado, sin salida, dice estas palabras:

Mas tú, Jehová, eres escudo alrededor de mí; mi gloria, y el que levanta mi cabeza.

Algo sucedió con David que lo había cambiado. A pesar de los enemigos, de repente confiesa que Dios era su escudo, su gloria y su abogado defensor. ¿Qué había sucedido?

David hizo *selah*, una pausa musical. Sacó el arpa y tocó melodías al Señor en el desierto árido. Cuando hizo *selah*, volvió en sí: ¡Dios es «escudo alrededor de mí»!

Si algo o alguien se levanta contra mí, antes de tocarme debe pasar a través del escudo que me rodea. Si algo o alguien se levanta para herirme o destruirme, debe pasar a través de mi Señor. Esto es un escudo. Él me cubre de los enemigos que veo venir de frente y de los que vienen por mis espaldas. ¡Dios es mi escudo!

David sigue diciendo que Jehová es su gloria. La palabra gloria tiene muchos significados. En este caso expresa excelencia, alabanza, honra, lo mejor. Para David, lo excelso en ese momento no era su palacio, ni su corona, ni su reputación, ni su influencia, ni su poderío. Su gloria, lo excelente, era Dios mismo, simple y llanamente, Dios. El hecho de que podía cantarle, llamarlo por su nombre, saber que estaba oyendo, era suficiente. Saber que Él es mi Dios es lo más sublime, lo supremo en mi vida. ¿Y las bendiciones? ¿Y las recompensas? ¿Y los resultados? Aunque nos hacen falta sus bendiciones, necesitamos tener una relación íntima con Dios, no por los beneficios que nos proporcione, sino porque Él es nuestro Creador, nuestro Padre, nuestra vida, el significado de todo, el Altísimo. David concluye declarando que Dios es el que levanta su cabeza. Todos sus enemigos estaban avergonzándolo. No había defensa para él. Había optado por no defenderse de las mentiras (lea el Salmo 39). Dios era su única defensa, el único que podía mantener la reputación y el nombre de David en alto.

Dios me estaba hablando. Al igual que David, debía descansar, hacer *selah*. En medio del desierto, de las acusaciones y de la incertidumbre, debía cantar, adorar y hacer lo que hizo David en los versículos 5-7: «Yo me acosté y dormí, y desperté, porque Jehová me sustentaba. No temeré a diez millares de gente, que pusieren sitio contra mí. Levántate, Jehová; sálvame, Dios mío».

Dios me dijo: «¡Descansa! Duerme tranquilo. ¡No temas a las amenazas! ¡Canta! ¡Deléitate en la música de adoración! Cuando te sientas agobiado, enciérrate y comienza a cantar, a descansar, a recostarte en mí». Dios me estaba sustentando, despertando si había peligro y dándome sueño de descanso. El salmo termina con estas palabras: «La salvación es de Jehová; sobre tu pueblo sea tu bendición».

Siempre con nosotros La solución le pertenece a nuestro Señor. La salvación no está en mis manos, sino en las de Dios. La bendición, es decir, la manifestación de la salvación, está sobre nosotros. Esta no viene y se va, no aparece de vez en cuando, sino que está continuamente sobre nosotros. Pasemos por la circunstancia que pasemos, la bendición de Dios nos rodea, es nuestro escudo y nuestra gloria.

Pero, ¿quién es el que puede decir que no teme a diez mil enemigos, que sabe que Dios lo sustenta, que sabe que tiene un escudo alrededor, que tiene al mejor defensor? ¿Quién es el que en medio del desierto, cercado por la muerte, dice que la bendición está sobre él? Solamente quien se acuesta y duerme descansando en su Dios. Únicamente quien hace una pausa musical, *selah*, y adora a su Dios. Solo aquel que sabe que la salvación y la solución, no está en sus manos, ni en sus capacidades. Así es la persona renovada. Así es la persona transformada. Es alguien que descansa en el Señor.

Cuando en los próximos capítulos nos refiramos a la oración, veremos que el secreto de la oración eficaz es descansar, esperar y hacer *selah*. Mientras nos esforcemos por solucionar nuestros problemas, o nos preocupemos por la manera en que Dios va a obrar, o el tiempo que tardará en hacerlo, seremos cristianos débiles y derrotados. No veremos renovación en nuestra vida espiritual.

Esa tarde, Dios me mostró un camino, el camino de la adoración, del descanso, de esperar en Él. Me preocupaba por la voluntad de Dios en mi vida. ¿Qué haría con esta nueva experiencia? ¿Cambiaría mi manera de ministrar? ¿Tendría que hacer concentraciones masivas? ¿Tendría que orar por los enfermos? ¿Tendría que encerrarme a orar y a ayunar hasta encontrar una respuesta? El Señor me mandó a descansar y a esperar en Él. Desde ese día, cierro la puerta, pongo música que me ayuda a adorar a Dios, melodías que declaran su grandeza, la palabra de Dios en música y descanso. Al oír la Palabra de Dios cantada, la fe llega. En los momentos que dedico a la adoración, dirijo mi atención a Él, a sus nombres, al Salvador de mi vida, a mi Escudo, al que levanta mi cabeza, al que me ama.

¿Y las acusaciones? ¿Y mi futuro? ¿Y las opiniones de la gente? ¿Y si la gente mala se entera? ¿Y si alguien nos lleva a los tribunales con falsas acusaciones? ¿Quién nos defendería? ¿Cuánto dinero gastaríamos en abogados, en defensa legal? ¿Qué dirían los donantes, los oyentes? ¿Qué diría la prensa? A ellos no les interesan ni las verdades ni las mentiras, sino los escándalos para vender periódicos. Todas esas preguntas se esfuman en la mente de la persona que descansa en el Señor. Todas esas encrucijadas desaparecen cuando uno comienza a cantar:

Mi corazón entona la canción,
¡Cuán grande es Él!
¡Cuán grande es Él!
Mi corazón entona la canción,
¡Cuán grande es Él!
¡Cuán grande es Él!

Nuestra mente no puede manejar dos pensamientos a la vez. El que descansa en el Señor, el que hace *selah*, el que ocupa su mente en Él, el que se acuesta y duerme sabiendo que Dios le sustenta, derriba todo argumento, todo pensamiento que se opone al conocimiento de Dios en su vida.

Aquellos que vieron el cambio que el Espíritu Santo hizo en mí, notaban los frutos, la unción y los resultados en la vida de los oyentes que eran ministrados. Yo veía otra cosa: los cambios internos que Dios estaba haciendo. En primer lugar, aprendí a adorarle en espíritu y en verdad. Luego, aprendí a orar (a tener comunión con Él). Después que mi corazón se ablandaba a través de la adoración y la comunión, aprendí qué fácil es escudriñar las Escrituras. Al recibir vislumbres de la Palabra de Dios, el Espíritu me instruía en cuanto a ministrar a otros en predicaciones, palabras proféticas de edificación y exhortación. Las personas respondían y el Espíritu Santo me enseñaba a ministrarles individualmente. Dios me estaba llevando a un lugar nuevo. Él me estaba renovando.

5 En el desierto del Espíritu

Durante *los primeros meses* de mi renovación, vi muchas manifestaciones maravillosas del poder de Dios en mi vida y en la de otras personas. A menudo, tenía que cancelar actividades porque el Espíritu Santo manifestaba su poder en la vida de los oyentes y no podíamos cerrar el programa. La duración normal era de dos horas, pero algunas veces se extendía a cuatro, cinco e incluso ocho. En más de una ocasión no salía de la cabina porque la presencia de Dios era tan real que quería disfrutarla.

Usted pensará: «¡Qué maravilloso!» Es cierto, y el más sorprendido era yo.

Algunos de los que trabajaban conmigo me animaban a que organizara concentraciones evangelísticas, cultos de liberación y sanidad divina, pero entendí que no debía hacerlo. Dios todavía necesitaba completar varias cosas en mí. Por mi parte, quería asegurarme de que aquel cambio no era pasajero. Deseaba estar seguro de que esa nueva unción permanecería, que dentro de seis meses no volvería a ser el mismo de antes. Por lo tanto, esperé. Dios seguía cambiándome. Estaba entrando en una etapa de transformación.

El primer encuentro con Dios fue impactante. Caí al piso, lloré como un bebé, me estremecí; en otras palabras, tuvo lugar en mí una verdadera revolución. Pero eso fue solo el primer toque, el paso inicial que da Dios. ¿Y luego? Ningún hombre puede buscarle a menos que Él lo busque primero. En ese primer toque, Dios me buscó y me encontró. ¿Y qué vendría luego? ¿Me conformaría con esa experiencia? Decidí buscar más. Jesús es nuestro ejemplo. Muchas veces lo decimos pero no lo practicamos. El escritor de la epístola a los Hebreos nos exhorta a poner nuestra mirada en Cristo Jesús, a tenerlo constantemente como nuestro modelo. Eso era lo que necesitaba, conocer a Jesús como mi modelo.

Espera, que vale la pena En aquella gloriosa reunión en Toronto, el Espíritu Santo me llenó de su gloriosa presencia. Su presencia transforma, su presencia impacta. Nunca había experimentado de esa manera la manifestación del Espíritu. ¿Qué vendría después? ¿Qué hubiera hecho Jesús? Algunos me aconsejaron que iniciara un ministerio. Otros supusieron que comenzaría campañas multitudinarias. Y también hubo quienes creyeron que fundaría una iglesia.

Decidí esperar que el Espíritu Santo me conformara a la imagen de Cristo. Quería hacer lo que Cristo hubiese hecho en mi lugar. En los meses siguientes debía aprender a andar en el camino de Dios.

Antes de comenzar su ministerio, Jesús fue de Galilea al Jordán para que Juan lo bautizara. Juan el Bautista era un predicador controversial. Predicaba arrepentimiento. La gente que lo oía, confesaba sus pecados y como señal de arrepentimiento se bautizaba. Hacerse sumergir por Juan el Bautista en las aguas era una señal pública de confesión de culpa y purificación de pecados. Juan se sorprendió cuando vio a Jesús, el Cordero de Dios que quita el pecado, llegar a él para que lo bautizara y se opuso. Dijo que en lugar de bautizar a Jesús, necesitaba que Jesús lo bautizara. En el relato de Mateo 3.15, Jesús dice: «Deja ahora, porque así conviene que cumplamos toda justicia».

Si bien Juan necesitaba ver sobre Jesús la señal del Espíritu Santo, Jesús también necesitaba la plenitud del Espíritu Santo. Sin esa plenitud, Jesús, el segundo Adán, nuestro representante, no podría comenzar su ministerio. Jesús nuestro ejemplo necesitaba llenarse del poder del Espíritu Santo, sin el cual no podría cumplir con su misión. Al permitir que Juan le bautizara, Jesús se humilló. Lo más importante para Él era la manifestación del Espíritu, la plenitud, la investidura que la tercera Persona de la Trinidad habría de darle.

En el preciso momento en que Jesús subía del agua, los cielos se abrieron. El Espíritu Santo descendió entonces como una paloma y se posó en Él. El Espíritu Santo llegó, hizo su aparición y por primera vez llenó a un hombre: a Jesús hombre. Hasta ese momento, el Espíritu descendía sobre hombres y mujeres, los usaba y luego se retiraba. Esta vez descendió sobre Jesús de Nazaret y no se fue, sino que se quedó para llenarlo, para investirlo con poder para la ejecución de la voluntad del Padre en el poder del Espíritu. El Espíritu lo tocó, lo llenó y lo ungió.

El Padre habló desde el cielo: «Este es mi Hijo amado, en quien tengo complacencia» (Mateo 3.17).

¡Qué gloriosa experiencia la de Jesús! El Espíritu Santo había llegado. Ya podía comenzar. Pero todavía no había completado su preparación. Aunque el Espíritu Santo lo había ungido y el Padre había declarado su complacencia, Jesús iba a entrar en un desierto.

El desierto, etapa ineludible

El Espíritu llevó a Jesús al desierto para ser tentado por el diablo. De la misma manera que un barco zarpa de un puerto con un rumbo especial, Jesús fue enviado al desierto con un propósito y plan específicos. Jesús fue guiado por el Espíritu Santo, quien estuvo a cargo de concebirlo en el vientre de María, de ungirlo en el río Jordán, de acompañarlo constantemente, de fortalecerlo en la cruz, de resucitarlo y de glorificarlo. El Espíritu Santo hizo lo mismo conmigo. Luego de tocarme tan profundamente, me llevó a un desierto. Todos me decían que debía salir, que debía ministrar, que debía hacer más. Pero el Espíritu me llevó a un desierto. El desierto del Espíritu no es un lugar seco, ni es una temporada donde Dios nos abandona. Muchos creen que están pasando por un desierto porque no sienten la presencia de Dios en sus vidas y pierden la vitalidad de su relación con Dios. ¡No! En los desiertos del Espíritu, Dios es real, glorioso, asombroso. En el desierto del Sinaí, Israel tenía sombra de día, fuego de noche, maná y codornices. Allí, la presencia de Dios era manifiesta constantemente. En los desiertos que el Espíritu prepara, la presencia de Dios es íntima, rica e intensa. Pero estos siempre vienen luego de un toque profundo del Espíritu.

Luego de la salvación, el Espíritu Santo comienza a tocar nuestra vida con bendiciones, con revelaciones, con ministerios, con cargas, con visiones, con llamamientos. Muchos han sentido ese toque, esa voz interna que nos motiva a servir a Dios, a creer en algo imposible, a desear algo inalcanzable. Esos deseos los pone el Espíritu en nuestros corazones.

Y luego, ¿qué? ¿Qué hacemos con ese deseo de servir al Señor y con esa visión? ¿Qué hacemos con esa profunda y segura convicción de que Dios va a hacer ese milagro en nuestra vida? ¿Qué hacemos luego de oír un poderoso mensaje, luego de una ungida ministración que nos eleva más allá de las imposibilidades y nos lleva a la fe para creer que Dios hará ese milagro?

Mis padres nos llevaban todos los años al campamento de jóvenes auspiciado por nuestra denominación. Duraba una semana y, generalmente, se efectuaba en una zona montañosa, con ríos y aire fresco. Allí se reunían varios cientos de jóvenes cristianos para disfrutar de una semana de compañerismo, de descanso, de diversión sana y también de ministración de la Palabra. Allí Dios lidió con mi vida. Durante esas semanas de intensa ministración, casi todos los jóvenes estábamos seguros que Dios nos estaba llamando para servirle en algún ministerio. Pero cuando volvíamos a nuestras iglesias locales, era muy difícil materializar ese «llamamiento». Por lo general, los líderes que nos aconsejaban terminaban diciendo lo mismo: «Espera, Dios abrirá una puerta».

¿Qué hacemos cuando pasamos por una experiencia así? La respuesta es: «No haga nada, espere». El Espíritu Santo, sin que usted se lo pida, lo llevará a un desierto para examinarlo.

Así es. Somos examinados en el desierto del Espíritu. Allí es probada nuestra visión, nuestra misión y nuestra fe. En el desierto es probado nuestro corazón y nuestras intenciones. No se olvide, ¡el Espíritu lo está guiando! El tentador vendrá porque el Espíritu lo permite. El tentador es una herramienta en las manos del Espíritu para su beneficio. ¿Con qué propósito fue llevado Jesús al desierto para ser tentado? ¿Qué es lo que Jesús necesitaba aprender en ese lugar? ¿Qué es lo que necesitamos aprender en el desierto del Espíritu?

¿No es suficiente la unción y ser llenos del Espíritu? ¿No es suficiente su toque en nuestras vidas y su llamado para salir de una vez y revolucionar al mundo? ¿No es suficiente que el Padre nos llame «hijos» y que esté complacido? Si no fue suficiente con Cristo, no es suficiente con nosotros.

El Espíritu llevó a Jesús al desierto luego de la experiencia del Jordán para enseñarle el poder de la Palabra de Dios y para que experimentara el poder que salía de su boca al decir: «Escrito está». Jesús no derrotó a Satanás con experiencias.

Con frecuencia, el arma que usa el diablo es la interrogación insidiosa. A Eva le preguntó: «¿Conque Dios os ha dicho: No comáis de todo árbol del huerto?» (Génesis 3.1). A Jesús le dijo: «Si eres Hijo de Dios, di que estas piedras se conviertan en pan» (Mateo 4.3). En el desierto del Espíritu, luego de todo toque de Dios, el tentador se acercará a preguntarnos: «¿Es real la experiencia que has tenido? ¿Puedes confiar en Dios? ¿Sucederá lo que esperas de Dios? Posiblemente Dios lo hizo para otros, pero no lo hará para ti».

Jesús respondió:

Escrito está: No sólo de pan vivirá el hombre, sino de toda palabra que sale de la boca de Dios (Mateo 4.4).

Satanás cuestionó la naturaleza de Jesús como Hijo de Dios. Otros quizás le hubieran contestado: «¿No oíste, Satanás, lo que mi Padre acaba de decirme? ¿No recuerdas que en el Jordán dijo que Yo soy su Hijo y que Él está muy complacido conmigo?» ¡Jesús no! Jesús no derrotó al tentador relatando experiencias. Lo derrotó con la Palabra, con el «ESCRITO ESTÁ». En el desierto del Espíritu aprendemos a no depender de nuestras experiencias, aunque hayan sido gloriosas, sino a vivir de toda palabra que sale de la boca de Dios.

Cristo declaró tres veces «ESCRITO ESTÁ». Satanás huyó.

En el desierto del Espíritu aprendí a apoyarme en la Palabra de Dios, no en la experiencia de aquella noche gloriosa cuando fui tocado poderosamente.

Posiblemente usted ha sido tentado por el diablo de la misma manera. Ha puesto en tela de juicio la relación que ha tenido con Dios, su salvación, su llamamiento, su visión, su fe. En momentos de suma necesidad, el tentador le ha dicho que Dios jamás hará ese milagro que usted está esperando. El tentador citará la Biblia para acusarlo. Hará todo lo posible para que no se apoye en la Palabra.

Luego de varias semanas en ese desierto de aprendizaje, tuve una experiencia maravillosa. Mis suegros residen en el estado de Maryland. Un fin de semana, mi esposa y yo decidimos visitarlos. Al llegar a su casa, encontramos a mi suegra muy mal. Estaba sufriendo de cáncer en la piel. Este tipo de cáncer es incurable y sumamente peligroso. Los doctores estaban tratando de quemar las células cancerosas en la piel con rayos ultravioletas. El rostro de mi suegra estaba cubierto de llagas horribles, ya infectadas. Mi esposa se echó a llorar. Yo me entristecí mucho. Al mirar a mi suegra a los ojos, noté una profunda desesperación. Sentí como si me estuviera pidiendo ayuda. Al día siguiente, conversaba en la sala de la casa con un tío de mi esposa. Le estaba contando lo que estaba sucediendo en mi vida y cómo el Espíritu me estaba renovando en el desierto. De repente, tuve la sensación de la presencia del Espíritu Santo. ¡Él estaba allí! y quería hacer algo. Sentí que había llegado la hora de orar por mi suegra.

Corrí a la cocina e informé a los presentes que íbamos a tener un pequeño culto de adoración. Puse en la casetera una cinta con música de adoración y alabanza. La familia entera se arrodilló y comenzamos a honrar al Señor. Sabía que tenía que orar por mi suegra que tenía un cáncer incurable. Comprendía que el Espíritu me estaba mandando a hacerlo.

Pero... también sabía que nunca había orado por un enfermo de cáncer. Dios no me había usado en sanidades. Si nada ocurría, iba a pasar vergüenza. Estaba orando por un miembro de mi familia. No estaba orando por un desconocido. No podría escapar.

Esos son momentos de prueba. El tentador viene a sembrar la duda. ¿Está Dios en esto? ¿Está Dios contigo? Si me basaba en mis experiencias, iba a ser derrotado. Son momentos en que uno aprende a usar la Palabra que sale de la boca de Dios. Él es mi sanador, aunque nunca me haya usado en sanidades. Dios es mi sanador aunque nunca antes me haya sanado. Dios es mi proveedor aunque nunca haya visto esa provisión. Dios es mi vida aunque me esté muriendo.

En el desierto aprendemos a usar la Palabra, no las experiencias. En el desierto aprendemos a verlo a Él sin buscar señales, confirmaciones ni pruebas. Él es fiel. Algunas veces el tentador usa otra técnica: la incitación a la acción impremeditada. La empleó con Jesús y la empleará con nosotros. Satanás le ofreció a Jesús todos los reinos. Jesús sabía que todos esos reinos le pertenecían. Él era el Creador, el Señor y el Dios de toda la creación. Sin embargo, no era el momento de recuperarlos. Debía morir primero. Satanás quería que Jesús los recuperara sin pasar por la cruz, sin experimentar la muerte, sin pagar por nuestros pecados. ¿No hace el tentador lo mismo con nosotros? ¿No nos tienta a tomar decisiones agresivas basadas en experiencias espirituales?

El desierto más desafiante En Juan capítulo 13, Jesús se prepara para entrar en el desierto más importante de la historia: la traición de uno de los suyos, su arresto, su cruel sufrimiento a manos de sus verdugos y, finalmente, la crucifixión.

Juan comienza diciendo que Jesús sabía que «su hora había llegado» (v. 1). Luego de la tentación del diablo, de varias campañas populares y de la declaración de sus propios discípulos como rey de Israel, Jesús supo que había llegado el momento de su Padre. En el versículo 3, Juan declara que Jesús sabía que el Padre ya le había entregado todas las cosas en sus manos. Él venía del Padre y regresaba al Padre tras cumplir la misión encomendada. Jesús comprendía su futuro claramente. Por eso estaba dispuesto a pasar por el desierto de la traición de Judas, por el huerto de Getsemaní, por los azotes, por la corona de espinas, por el desprecio, por la vergüenza y por la muerte de cruz.

Jesús quiso preparar a sus discípulos. En los versículos 31 y 32, declara que la experiencia que le esperaba glorificaría al Hijo del Hombre y que Dios sería también glorificado. Estaba entrando en el desierto de sombra y de muerte. En ese desierto estaría solo. Nadie podía entrar con Él. En el versículo 33, Jesús dice a sus discípulos que a donde Él iba, no podrían acompañarlo. No estaban preparados. Eso no le gustó a Pedro. No quería dejar a Jesús solo. Pedro era siempre el primero en actuar, en hablar, en atreverse a hacer lo que otros temían. En el versículo 36, le pregunta a Jesús: «Señor, ¿a dónde vas?»

Estoy seguro que Pedro estaba dispuesto a seguir a Jesús de todo corazón a cualquier sitio. Pero Jesús conocía que el corazón de Pedro no estaba listo para entrar en el desierto al que Jesús entraba. Por eso le contesta en el mismo versículo:

A donde yo voy, no me puedes seguir ahora; mas me seguirás después.

En el siguiente versículo, Pedro le pregunta:

Señor, ¿por qué no te puedo seguir ahora? Mi vida pondré por ti.

En respuesta, Jesús responde:

De cierto, de cierto te digo: No cantará el gallo, sin que me hayas negado tres veces.

Y en el capítulo 14, versículo 1, Jesús finalmente declara:

No se turbe vuestro corazón; creéis en Dios, creed también en mí.

Pedro quería seguir a Cristo al desierto de la muerte sin preparación, sin tentación, sin pasar el examen de su fe. Pensaba que estaba listo, pero Jesús sabía que necesitaba ser tentado, probado. Así sucedería luego, lo negaría tres veces, pero saldría de su desierto fortalecido y seguro. Iba a ser lleno del Espíritu Santo y posteriormente, líder de la iglesia primitiva. En ese momento emocional, no podía resistir. Necesitaba ser probado.

Posiblemente usted ama al Señor con todo su corazón. Está listo a dar su vida por Él e ir a cualquier sitio por más difícil que sea. Nuestra devoción es para Jesús y solamente para Él. Este fervor nos atrae a Él, nos consume, nos lleva a entregarnos totalmente a su servicio, es una experiencia y un sentimiento. Una total devoción nunca nos hace discípulos fieles de Cristo, pero puede que nos haga negarlo en medio de una tentación. No podemos enfrentar al tentador con nuestra experiencia devocional. Debemos pasar por los desiertos del Espíritu donde aprenderemos a descansar en la Palabra de Dios y en la obra del Espíritu Santo. En el desierto hemos de aprender a morir a nuestras experiencias, a nuestros conocimientos religiosos y a nuestras propias fuerzas.

La Palabra de Cristo se cumpliría. Jesús les prometió que ellos le seguirían. Seguirían a Cristo por el desierto del sufrimiento, de la muerte y de la victoria. Pero al atravesar por sus desiertos, ninguno de los discípulos le negó, sino que fueron fieles hasta el fin. La tradición histórica nos dice que ellos, con la excepción de Juan, murieron como mártires.

¿Qué sucede con las personas que luego de una experiencia gloriosa con Dios se lanzan a un ministerio? Muchos toman decisiones basadas en experiencias sin desiertos. Se atreven a hacer declaraciones, a mudarse, a salir de sus hogares, a dejar sus trabajos seculares, a enfrentar a Satanás y al mundo simplemente con unas experiencias. ¡No lo haga usted! No haga como Pedro. No le pida a Dios que obre «ahora». Espere que el Espíritu Santo le guíe a un desierto y regocíjese cuando el tentador se aparezca para probar su visión. Nunca le responda con experiencias, por más gloriosas que sean. Respóndale con la Palabra de Dios.

Si usted se está enfrentando a una situación ultradifícil, preste atención. Dios le hablará, ya sea por un mensaje, por la ministración de alguno de sus ungidos, por melodías, por la Palabra, durante la adoración y alabanza, durante un momento de meditación y oración o en el momento menos esperado. Luego que el Espíritu Santo le anime y le infunda fe para creer, ¡prepárese! En la mayoría de los casos, no recibirá el milagro inmediatamente. Luego de esa infusión de fe, tendrá que caminar por fe y no por vista. El Espíritu Santo nos pondrá a esperar en un desierto para ser probados. Vendrá el diablo, vendrán los familiares, vendrán los expertos en la materia, vendrán los profesionales y nos dirán: ¡No hay salida! En ese momento, no intente resistir relatando la experiencia hermosa que tuvo con el Espíritu Santo cuando la fe nació en su corazón. Si lo hace, el diablo tratará de desvirtuar la validez de esa experiencia. Hay una sola cosa que el diablo no puede resistir: ¡la Palabra de Dios!

Hoy celebramos grandes concentraciones. Miles de personas acuden a oír el mensaje del evangelio. El tentador siempre se acerca a atacarme. Trata de responsabilizarme de los cultos, como si la bendición viniera de mí. Trata de convencerme de que debo preocuparme, retirarme, apartarme de todos, ser huraño, porque de lo contrario, Dios no se va a mover en los cultos. Trata de hacerme sentir cargas que no me pertenecen. Pero escrito está que Dios es el que bendice, el que sana, el que habla, el que convence, el que consuela. Yo no. Confío en Él. Soy un vaso en sus manos. Me rindo para que Él me use.

Aquella tarde, Dios sanó a mi suegra. Luego de adorar a Dios, de exaltarlo, de ofrecerme a Él, sentí el impulso de imponer mis manos sobre ella y pedir la sanidad. En ese instante, se desplomó. Al levantarse, confesó inmediatamente que estaba sana, aunque las llagas en su piel no habían mejorado. Al día siguiente, en una reunión de la iglesia, afirmó que Dios la había sanado. Luego de varios exámenes, los médicos que la habían tratado la declararon totalmente sana de cáncer. Dios había realizado el milagro.

El calor del abrigo del Altísimo En el desierto del Espíritu aprendemos a buscar a Dios y solamente a Él. Cuando buscaba a Dios por sus beneficios, mi oración era una constante súplica. Algunas veces, en nuestros momentos de oración la presencia de Dios nos arropa. Nos sentimos muy bien. Dios nos está ministrando, su presencia se hace real en nuestras vidas. Pero al rato, esa presencia se va y nos sentimos mal. Quizás nos consideramos indignos de su maravillosa presencia. ¿Por qué los toques de Dios son repentinos, cortos, leves? ¿Por qué no son duraderos e intensos? Porque su toque es para despertarnos. Es un aviso, un impulso a correr tras Él para recibir más. Sin ese primer toque no podríamos buscarlo. No sabríamos qué buscar, qué anhelar.

Cuando Él nos toca con su presencia, con su gloria, sabemos lo que debemos procurar. Ya hemos experimentado el calor y la dulzura del «abrigo del Altísimo». Su toque despierta el hambre, el anhelo de estar cerca de Él. Esa fue mi decisión. El toque de Dios en aquella cruzada fue el primer paso. Las manifestaciones que siguieron en la cabina de radio fueron para despertar el hambre. Al esperar fortaleza, dirección o instrucción en la presencia de Dios todas las mañanas, comencé a ser renovado en mi vida espiritual privada. No me interesaba mi vida ministerial ni la unción para ministrar a otros. Me interesaba el cambio que Él estaba haciendo en mí. Estaba aprendiendo cosas nuevas. El salmista David explica ese sentir en el Salmo 63.

Recuerdo cuando leía la Biblia. Prefería las epístolas de Pablo. Pensaba que eran profundas, difíciles de entender. En cambio los salmos eran simples, emotivos, pero ahora me impactaban profundamente, como por ejemplo el 63. En medio de una situación de suma seriedad, de vida o muerte, David dice estas palabras: «Dios, Dios mío eres tú».

Si le pregunta a la gente si cree en Dios, la mayoría dirá que sí. Si le pregunta a esa misma gente si Dios es «su» Dios personal, muy pocos contestarán afirmativamente. David confesó que Dios, *Elohim*, el Creador, era su Dios personal, individual, íntimo, cercano, conocido. Al leer los salmos, es obvio que David conocía a Dios íntimamente. Tenía familiaridad con Él. Esto se logra cuando se comparten experiencias, diálogo, tiempo, alegrías, dolores y nuestras vidas. «De madrugada te buscaré» (v. 1).

Aquí, la palabra «madrugada» significa más que una hora específica en la mañana. Significa «primera hora, primera oportunidad». David deseaba encontrarse con Dios en la primera oportunidad. Ese encuentro con Él tenía prioridad.

¿Es encontrarnos con Dios nuestra primera reacción del día? Cuando nos enfrentamos con una situación difícil, ¿es nuestra primera reacción buscar la presencia de Dios, la dirección divina?

¿Por qué David deseaba buscar a Dios? Porque su alma tenía sed y su carne anhelaba tener comunión con Dios. Porque lo había mirado en el santuario, en el Lugar Santísimo del templo en Jerusalén. David era un adorador, sabía contemplar a Dios en su gloriosa presencia. Pero en aquel momento estaba en tierra seca y árida, sin agua y sin protección. Estaba en un desierto. David necesitaba buscar y encontrar a su Dios.

En el versículo 8, dice: «Está mi alma apegada a ti».

Dios no nos deja ni se aleja La palabra «apegada» implica procurar, adherirse, seguir de cerca y alcanzar. David estaba procurando a Dios. Quería apegarse a Él. Esta es la manera en que Dios trata con nosotros. Primero se aproxima, nos invita, nos atrae, nos toca. Luego pareciera que nos deja, que se aleja. ¿Por qué?

Para ver si corremos tras Él, si lo buscamos. ¡Cuántos se conforman con una simple experiencia! Luego de un toque de Dios, el Espíritu Santo nos pone en desiertos para que aprendamos a conocer a Dios y al poder de la Palabra. Allí aprendemos a buscarle, a tener sed de Él, a anhelarlo sobre todas las cosas.

David termina diciendo:

Pero el rey se alegrará en Dios; será alabado cualquiera que jura por él; porque la boca de los que hablan mentira será cerrada (v. 11).

Dios se encargará de los enemigos de aquellos que le buscan en el desierto y los que se dejan guiar por el Espíritu en tierras secas. Por lo tanto, no me preocupé de mi futuro, de lo que podía «hacer» para Dios. Mi deseo fue, y sigue siendo, conocerlo, encontrarlo, alegrarme en Él y ser transformado diariamente de gloria en gloria a su imagen. Lo demás vendría en el momento de Dios.

¿Ha dudado alguna vez de que Dios ha de cumplir la promesa que le ha hecho? ¿Se ha preguntado por qué Dios tarda tanto? ¿Ha tratado de «ayudar» a Dios? ¿Ha tomado decisiones antes del tiempo de Dios? ¿Se siente culpable? Permítame decirle que Cristo lo comprende.

Jesús se presentó ante sus discípulos en el momento más doloroso y de mayor depresión en la vida de aquellos hombres. Andaban escondidos, llenos de miedo y de cobardía. Pedro se sentía el traidor más grande del mundo. Tres veces había negado a su Señor. Pero cuando Jesús se aparece, sopla sobre ellos, los unge con el Espíritu Santo y los manda a esperar juntos hasta que el Espíritu Santo los llene con poder de lo alto. Muchas veces me he preguntado por qué Jesús sopló sobre ellos. Jesús sabía que el Espíritu Santo iba a llenarlos el día de Pentecostés. Esta no era la plenitud de Pentecostés. ¿Qué sucedió entonces?

Para ser llenos del Espíritu Santo en el aposento alto, necesitaban estar juntos, unánimes, preparados. Con sus propias fuerzas, nunca lo hubieran conseguido. Estoy seguro que se hubieran peleado y culpado por la muerte de Jesús. Estoy seguro que hubieran comenzado a compararse unos con otros. Pero Jesús llegó y los ungió con el poder del Espíritu Santo para mantenerlos unidos, enfocados en la voluntad de Dios, concentrados en la promesa del Padre, esperando la plenitud del Espíritu Santo. Jesús hará exactamente lo mismo en su vida. Reciba las palabras de nuestro amado Señor, crea a Dios y crea a Él. Confíe en Dios y confíe en Él. Cuando confiamos en Él durante el desierto del Espíritu, esperamos en Él, dependemos de Él y nunca confiamos en nuestras fuerzas, el Espíritu Santo manifiesta su poder. Jesús se glorifica y la Palabra de Dios se cumple.

6 Discípulo en lugar de seguidor

El Espíritu Santo tomó control directo de mi vida espiritual. Usted se preguntará qué sucedía anteriormente en mi vida espiritual. No dudo que Él hubiera estado obrando en mí, pero yo también estaba obrando. Tenía el control de mi vida espiritual, de mis actividades religiosas, de mi servicio al Señor. Aunque le servía con todo corazón, lo hacía con mis fuerzas humanas. Cuando me rendí y reconocí que no podía complacer a Dios con mis esfuerzos humanos, el Espíritu Santo comenzó a renovarme, a llevarme a lugares nuevos, a experiencias nuevas, a la relación con Dios que había soñado.

Me sucedió como a Simón Pedro, el pescador, cuando un día vio una gran multitud que seguía a un hombre llamado Jesús de Nazaret (Lucas 5). La gente se «agolpaba» sobre Él para oír la Palabra de Dios. Al ver aquella gran multitud, Jesús decidió usar una de las barcas que estaban en la orilla del lago para sentarse y enseñar desde ella. La barca era de Pedro, quien la usaba para ganarse la vida. Pedro había pescado toda la noche y habiendo aplicado todas las técnicas de su oficio para conseguir una pesca abundante, no tuvo éxito. «Boga mar adentro, y echad vuestras redes para pescar», mandó Jesús (v. 4). Cuando Pedro obedeció, las redes se rompían por la gran cantidad de peces. ¡Qué milagro! Pedro no salía de su asombro. Al llegar a la orilla, reconoció la autoridad de

Jesús. De rodillas dijo: «Apártate de mí, Señor, porque soy hombre pecador» (v. 8).

¿Por qué dijo estas palabras? ¿Reconoció Pedro su verdadera naturaleza pecadora? ¿Se arrepintió de sus pecados? No lo creo. Mire lo que dice el siguiente versículo:

Porque por la pesca que habían hecho, el temor se había apoderado de él, y de todos los que estaban con él (v. 9).

En ese momento, Jesús lo llamó. Y a partir de ese instante, Pedro comenzó a seguir al Señor. Vio el milagro de la pesca, vio al Señor de la naturaleza en acción y vio al predicador del Reino de Dios. Se encontró con el Mesías, con el Salvador. Cuando vio al Señor, decidió seguirle. Pero lo hizo como un «seguidor», no como un verdadero discípulo. *Era un seguidor devoto, pero no un discípulo.*

En Juan capítulo 13, al oír que Jesús va camino a la muerte, Pedro ofrece su vida (v. 37). Jesús le responde con una declaración muy tajante: «¿Tu vida pondrás por mí? De cierto, de cierto te digo: No cantará el gallo, sin que me hayas negado tres veces».

Pedro quería seguir al Señor. Estaba dispuesto a dar su vida. Pero Jesús no aceptó su sacrificio. En aquel momento, el sacrificio de la vida de Pedro no tenía valor espiritual. Pedro lo hacía por devoción, cariño, fidelidad a un ideal. Pero Jesús no deseaba esa ofrenda. Pedro sólo estaba siguiendo a Jesús. Tenía que aprender a ser un verdadero discípulo.

¿Cuándo aprendió? Después de haberlo negado. Después de fallar. Después de comprender que ser más agresivo y leal no bastaba. Tuvo que pasar por la desilusión, el dolor, la traición de su propio corazón. Pedro negó a Jesús tres veces. Negó a su Maestro, al que lo había amado, enseñado y bendecido tantas veces. Imagínese el dolor que sintió Pedro al ver a Cristo en la cruz, al ver cómo lo ponían en la tumba. Imagínese el remordimiento de Pedro al cerrar los ojos por las noches y pensar que había traicionado a su Señor.

Pero un día, después de aquella amarga experiencia, Jesús se encontró con él a orillas del mar de Galilea. Lo vio débil, incapaz, manso. No le echó en cara la traición. Simplemente lo llamó a apacentar sus ovejas. Según Juan 21.19, le dijo: «Sígueme». Al oír aquella palabra, Pedro miró a Juan, el discípulo amado, el discípulo ejemplar, el que había sido fiel hasta el último momento. «Señor, ¿y qué de éste?», dijo Pedro (Juan 21.21). Quizás pensaba que Juan era el que tenía que ser puesto a cargo de las ovejas, de la obra. Jesús fue fulminante en su respuesta. «¿Qué a ti?», le dijo. «Sígueme tú» (Juan 21.22). Ya Pedro estaba preparado. Había pasado por el desierto de la prueba. Había reconocido que no podía seguir al Señor con la fuerza de su determinación. Le faltaba ser discípulo.

¿Qué significa seguir a Jesús? Ser su discípulo. ¿Cómo somos discípulos de Cristo? Cumpliendo con lo que Él dijo:

Y llamando a la gente y a sus discípulos, les dijo: Si alguno quiere venir en pos de mí, niéguese a sí mismo, y tome su cruz, y sígame. Porque todo el que quiera salvar su vida, la perderá; y todo el que pierda su vida por causa de mí y del evangelio, la salvará (Marcos 8.34-35).

¿Cómo somos discípulos? Negándonos. Negarse uno mismo es afirmar que no hay amistad, relación ni intereses entre el «yo», el «ego» y Cristo. Es vivir plenamente consciente de los intereses de Cristo y no de los de uno. Es vivir ajeno a nuestros intereses, metas, opiniones. Es estar conscientes de Cristo y sus intereses, de su voluntad. Eso es seguirle.

En ese desierto de renovación, el Espíritu Santo transformó mi vida de oración, adoración, alabanza, estudio de la Palabra y ministerio. Adoraba, alababa, oraba, estudiaba la Biblia y ministraba como se me había enseñado y de la mejor manera que podía según mis esfuerzos humanos.

Se me había enseñado que para complacer a Dios había que sacrificarse, «pagar el precio». Creía que pagar el precio era simplemente hacer algo que estaba en contra de mi voluntad. Pensaba que cuando hacía algo que me costaba, que no me gustaba hacer, Dios se complacía. Si quería dormir, me levantaba a orar. Pero era una oración forzada.

A través de la historia, muchos religiosos han hecho lo mismo en conventos, monasterios y cuevas. En esos lugares fríos y lúgubres han tratado de agradar a Dios sufriendo, pasando hambre, orando muchas horas al día en posiciones físicas incómodas, ayunando, haciendo votos de pobreza y hasta de silencio.

Aunque nunca llegué a tal exageración, mi motivación era la misma. Oraba porque ese era mi deber. Adoraba porque Dios era digno, aunque no lo hacía de corazón. Me imagino cómo se sentiría mi padre si descubriera que lo amo porque es mi obligación amar y honrar al que me engendró, me crió y me dio su nombre. Creo que mi padre no me rechazaría, pero se sentiría muy herido y ofendido.

Cuando Dios pide, dale Abraham recibió revelación de Dios luego de que la promesa original se cumplió. Dios le había prometido dos cosas: descendencia y territorio. Al principio de su viaje de fe, Dios le mostró la tierra que iba a poseer y permitió que habitara en ella. Pero lo hizo como un extranjero, viviendo en una tienda rodeado de cananeos.

Casi al final de su vida, Abraham fue padre de un niño llamado Isaac. Finalmente podía respirar con menos ansiedad: Dios había cumplido con lo prometido. Al parecer, ya Abraham estaba completo. Isaac era ya un jovencito, su padre era rico y próspero, Sara era feliz porque al fin había logrado concebir. «¿Colorín colorado, este cuento se ha acabado?» ¡No! Abraham necesitaba renovación. Necesitaba conocer a Dios en otra dimensión.

Un día, Dios lo prueba. En Génesis 22.1, lo llama por su nombre: «¡Abraham!», quien ya conocía esa voz. Dios no tuvo que emplear muchas palabras para que Abraham le prestara toda su atención. Simplemente al oír su nombre, respondió: «Heme aquí». ¡Qué rendición! ¡Qué actitud! Estaba dispuesto a hacer lo que Dios quería, sin excepciones, sin prejuicios, sin limitaciones. La respuesta de su corazón fue rápida: «Señor, estoy a tu disposición en lo que quieras».

Cuando nos rendimos a Dios de esa manera, abrimos nuestros corazones para que Él nos lleve de gloria en gloria, de renovación en renovación. Pero ahora viene lo difícil. Cuando Dios nos trae al lugar de renovación, al lugar de revelación, al lugar de unción, *nos pide algo*.

A Abraham le pidió dos cosas. En primer lugar, le ordenó que se dirigiera a la tierra de Moriah, a un monte desconocido, el cual en su momento le mostraría. En segundo lugar, le ordenó que tomara a su amado hijo Isaac y lo sacrificara sobre un altar. Abraham no dudó de Dios, el versículo 3 dice que se levantó temprano y partió hacia Moriah para obedecerle.

Primero, Dios dirige a Abraham hacia Moriah. Nunca había estado allí, era un lugar nuevo para él. Además, le ordenó que dejara las comodidades de su familia, de sus compañeros, de sus empleados y de su tienda para viajar hacia un lugar montañoso, desierto y desconocido. Abraham tenía que pasar por esta experiencia solo.

Así son los caminos de Dios. Para ir a un lugar nuevo, Dios nos ordena dejar lo cómodo, lo familiar, lo conocido. Para recibir algo nuevo de Dios, debemos entregarle algo viejo.

En estos últimos meses he hablado con muchas personas que sinceramente desean ser renovadas. Pero cuando comienzo a explicarles que hay que estar dispuestos a cambiar, a desechar ciertas costumbres, ciertas mentalidades, ciertas rutinas, encuentro un rechazo. Hoy, por ejemplo, muchos se resisten al cambio y critican la música cristiana, los estilos de alabanza como la danza, los panderos, las banderas, batir palmas. Otros critican las diferentes manifestaciones de poder como las caídas, las expresiones emocionales, los dones carismáticos, la risa, el temblor, los sueños, las visiones. Es muy difícil cambiar, lo sé. Pero es necesario entregar cualquier cosa que perturbe la obra renovadora del Espíritu Santo, incluso nuestra resistencia a cambiar.

¿Le preguntó alguna vez a Dios: «Señor, ¿qué estás haciendo en mi vida?» Yo se lo he preguntado muchas veces. Abraham no le pidió explicaciones a Dios, simplemente se levantó temprano, tomó a su hijo y emprendió el viaje.

Si alguna vez ha querido saber qué está haciendo Él en su vida, no espere oír una respuesta. Dios no explica lo que hace y quiere revelarle quién es. No le explicó a Abraham lo que iba a hacer con él e Isaac. Dios le iba a revelar uno de sus nombres, *Jehovah Jireh, el proveedor*.

Abraham salió hacia Moriah. Conocía el territorio, pero no sabía el lugar del monte que Dios había preparado. El camino de la renovación es un camino de dependencia en la dirección del Espíritu Santo. Solamente Él sabe cómo nos va a renovar, cuándo lo va a hacer y dónde. No podemos decirle a Dios que nos renueve en un área determinada y en aquella otra no. Él nos dirige; confiemos.

Cuando Abraham llegó al monte que Dios le señaló, subió y comenzó a preparar a Isaac para sacrificarlo. Dios se lo había dado milagrosamente, ¡pero le pedía que se lo devolviera! En el lugar de la renovación, donde Dios nos revela nuevos aspectos de su carácter, pide sacrificios. ¿Qué sacrificios requiere? ÉL nos pide todo aquello que nos ata, que nos domina y que nos impide tener un corazón totalmente rendido a Él. En el caso de Abraham, Dios le pidió a su amado hijo, Isaac. A usted, ¿qué le pide Dios en sacrificio? ¿Hay algo en su vida que ocupa sus pensamientos constantemente? ¿Hay algo que domina y controla sus decisiones?

Dios no necesita nuestros sacrificios. Dios no necesitaba a Isaac. Pero Dios quería que Abraham tuviera un corazón libre, sin ataduras, totalmente dependiente de Él. Cuando Dios nos pide el sacrificio de algo que nos ata, desea librarnos de lo que no nos permite verlo como verdaderamente es. Cuántas costumbres, tradiciones, experiencias anticuadas nos perturban el corazón. Cuántos orgullos denominacionales y conciliares ciegan nuestros corazones a una auténtica revelación renovadora de Dios.

Muchas veces oigo de cristianos frustrados que desean romper con sus ataduras para experimentar nuevas dimensiones de la persona de Cristo, revelada por el Espíritu Santo. Pero hay impedimentos. Una de las más comunes es: «¡Qué dirán los compañeros de mi grupo, los amigos de mi círculo, mis líderes!» He hablado con muchos que han confesado tener hambre de renovación, pero temen que en su grupo eclesiástico los tilden de fanáticos, «raros», «modernistas», «liberales», «carismáticos» y otros nombres que dañarían su reputación. He oído a diversas personas declarar que no creen en muchas de las tradiciones que se quieren mantener, pero por temor a ser rechazados, a ser marcados, soportan y sufren. En el altar de la renovación Dios pedirá que sacrifiquemos esos temores, esas cargas que estorban.

Abraham obedeció. No quería barreras. Yo también obedecí. En los momentos más críticos de mi desierto, Dios me pidió dos cosas: mi reputación y mi ministerio.

Procedo de una familia tradicional de origen italiano. En las culturas europeas, y por herencia en nuestra cultura latinoamericana, la reputación y el buen nombre de la familia se protegen. Siempre he cuidado que el nombre de mi familia no sea manchado por ninguna acción deshonesta. Pero había personas que estaban manchando mi nombre y mi reputación. Tuve que rendirme hasta aceptar que si mi nombre quedaba destruido, seguiría confiando en Él y no escaparía de mis responsabilidades ni del plan de Dios.

Desde muy niño estuve seguro del llamado de Dios en mi vida. Desde pequeño supe que iba a ser ministro del Señor. Toda mi vida estuvo encaminada hacia ese propósito. Nunca pensé en otra carrera. Pero en el desierto del Espíritu, Dios me pidió mi ministerio. Tuve que rendírselo y estar dispuesto a ser cualquier cosa: vendedor de automóviles usados, empleado de empresa u obrero. Entonces quedé libre. Perdí el temor a los que estaban planeando destrucción. ¿Qué iban a destruir? Todo lo que podían dañar —mi nombre y mi ministerio— ya estaba muerto en las manos de Dios, desde el momento que se lo entregué. Satanás no podía hacer nada más.

Las preguntas que me atemorizaban desaparecieron: ¿Qué dirán? ¿Qué pensarán? ¿Me aceptarán? ¿Creerán las mentiras que se han lanzado contra mí? ¿A dónde iré si no me quieren aquí? ¡Será un escándalo! Quedé libre de todas ellas.

Isaac no era de Abraham sino de Dios. Nuestros talentos tampoco nos pertenecen. Nuestro ministerio no es nuestro. La iglesia no es nuestra. La familia, los bienes terrenales, la carrera, los planes, no son nuestros. Tampoco somos dueños de nuestra reputación. Todo en nuestra vida pertenece a Dios. En el altar de la renovación, en el desierto del Espíritu, Dios nos pedirá que sacrifiquemos lo que más nos preocupa, lo que más nos ata. Para ser renovados, Dios quiere un corazón libre de ataduras, por buena y «espiritual» que esta sea. Dios quiere que nada impida «conocer al Señor», oír su voz.

Podemos gastar nuestras vidas en la obra del Señor y nunca llegar a conocer al Señor de la obra. En cierta ocasión un pastor me dijo que después de orar para presentar todas las necesidades de su iglesia, de su concilio y de su familia, no tenía tiempo de oír la voz de Dios.

Podemos como Pedro, estar dispuestos a dar la vida por el Señor, por la causa. En Marcos 8, Jesús habla muy claro acerca de su padecimiento y muerte en manos de los líderes religiosos judíos. En el versículo 32, Marcos dice: «Esto les decía claramente. Entonces Pedro le tomó aparte y comenzó a reconvenirle». La palabra «reconvenirle» significa: reprender severamente. Jesús reaccionó a las palabras de Pedro diciéndole:

¡Quítate de delante de mí, Satanás! Porque no pones la mira en las cosas de Dios, sino en las de los hombres (Marcos 8.33).

Con la mejor intención, Pedro había reprendido a Jesús. No quería que los líderes religiosos maltrataran a Jesús. Pero ese deseo era carnal, era humano. Cuando un cristiano con sus deseos carnales, con sus habilidades mentales, con sus talentos humanos, trata de complacer a Dios, Satanás entra en la escena y frustra la revelación divina en su vida.

Cuando Pedro comprendió que había fallado, que había negado a Cristo, Jesús llegó y lo ungió con el Espíritu Santo. A mí también me ungió con su Espíritu Santo cuando me di cuenta de que con mis propios esfuerzos, con mis ejercicios religiosos de oración, ayuno, estudios teológicos y trabajo en la iglesia, nunca complacería al Señor. Cuando uno se quita la careta de buen cristiano y deja de tener una vida de engaño, se cumple la promesa que Jesús le hizo a Natanael:

De cierto, de cierto os digo: De aquí adelante veréis el cielo abierto, y a los ángeles de Dios que suben y descienden sobre el Hijo del Hombre (Juan 1.51).

Esto sucedió en la vida de Abraham. En el preciso momento en que Abraham levantó el cuchillo para sacrificar a Isaac, sucedió algo maravilloso. Los cielos se abrieron y Dios habló. El ángel de Jehová dijo: «No extiendas tu mano sobre el muchacho, ni le hagas nada; porque ya conozco que temes a Dios, por cuanto no me rehusaste tu hijo, tu único» (Génesis 22.12).

El ángel declaró que Abraham había sido examinado y que su corazón estaba libre de toda atadura. Abraham no estaba atado a la «promesa», a Isaac. Estaba atado a

Dios. Su corazón no se preocupaba de «su descendencia», se preocupaba de Dios. Mi corazón dejó de preocuparse del ministerio, del llamado, de mi reputación. Mi corazón se apegó al Señor. Siempre que un hombre o una mujer se rinde de esta manera, los cielos se abren, Dios se revela y provee el sacrificio que lo complace de veras. El verdadero sacrificio de Abraham no era Isaac, sino su amor, su dependencia, su total confianza en Dios. En ese altar, Abraham conoció al Dios que provee, a *Jehovah Jireh*. Este nombre significa literalmente: *Yo soy* (Jehová), *será visto* (Jireh). Abraham recibió la revelación del «Yo soy» que se presentaría en cualquier necesidad. Cuando no podemos solucionar los problemas con nuestras capacidades, cuando llegamos al final de las posibilidades, Dios aparecerá y proveerá. Se revelará.

Si usted va a Jerusalén, verá que el monte donde Abraham ofreció a Isaac está a unos pocos metros del monte Calvario. En esas mismas colinas Dios el Padre «quebrantó» a su Hijo Jesús en la cruz en nuestro lugar. Nuestros sacrificios no podían lograr el perdón. El Padre proveyó aquel día de Pascua el inocente Cordero de Dios que sería inmolado.

En resumen, nuestros sacrificios no son suficientes. Nuestros esfuerzos no bastan. Cuando nos rendimos, Él provee el verdadero sacrificio, el que le es agradable. Podemos afirmar lo siguiente:

- Cuando le ofrecemos en sacrificio nuestro orgullo, Él levanta nuestra cabeza.

- Cuando le ofrecemos en sacrificio nuestros talentos, Él obra según el poder que actúa en nosotros.

- Cuando le ofrecemos en sacrificio nuestros temores, Él nos consuela y nos da fe.

- Cuando le ofrecemos en sacrificio nuestros ministerios, Él nos enseña a ser discípulos humildes.

- Cuando le ofrecemos en sacrificio nuestra reputación, Él es nuestra gloria.

- Cuando le ofrecemos en sacrificio nuestros bienes, Él es nuestro proveedor, nuestro suplidor.

- Cuando le ofrecemos en sacrificio nuestras palabras, Él nos imparte su Palabra.

- Cuando le ofrecemos en sacrificio nuestra vida, Él nos da su vida.

- Cuando le ofrecemos en sacrificio nuestro nombre, Él nos da el suyo.

- Cuando le ofrecemos en sacrificio nuestro yo, Él se revela como el Yo soy.

- Cuando le ofrecemos en sacrificio nuestra devoción, Él nos enseña a adorarle en espíritu y en verdad.

Cuando los cielos se abren Dice la Biblia que cuando uno cesa de esforzarse por lograr el favor divino, los cielos se abren. Dios entonces revela su poder y provee, prospera, guía, consuela, resucita, derrota al enemigo y se glorifica.

Isaac vio los cielos abiertos en su vida. Era un hombre temeroso de Dios, pero necesitaba ser renovado. Aunque conocía a Dios y había oído su voz, todavía dependía de sus artimañas humanas. Mientras habitaba en Gerar, Dios le habló y le prometió protección y bendición conforme al pacto que había hecho con su padre Abraham. Pero cuando llegó el momento de fe, y los hombres de la región comenzaron a indagar quién era Rebeca, Isaac mintió diciendo que era su hermana. Temía que tomaran a Rebeca y lo mataran a él. ¿Y la promesa de Dios? Isaac se olvidó de ella.

Cuando tuvo que salir de Gerar porque había prosperado mucho y sus vecinos estaban celosos, en lugar de quejarse, Isaac se fue de ese lugar y se estableció en el valle. Allí habitó y encontró los pozos que había excavado su padre Abraham. A pesar de que había fallado, Dios lo prosperó. Ese fue el principio de su renovación. Cuando unos pastores reclamaron esos pozos, Isaac no peleó. En lugar de disputarlos, excavó otro pozo. Cuando otros pastores se antojaron del pozo nuevo, buscó otro. Isaac no peleaba. Siguió buscando hasta que encontró un pozo que nadie quería y lo llamó «Rehobot (Génesis 26.22)». Luego de esta prueba de mansedumbre, Dios se le apareció una noche y le dijo nuevamente:

> Yo soy el Dios de Abraham tu padre; no temas, porque yo estoy contigo, y te bendeciré, y multiplicaré tu descendencia por amor de Abraham mi siervo. Y edificó allí un altar, e invocó el nombre de Jehová, y plantó allí su tienda; y abrieron allí los siervos de Isaac un pozo (Génesis 26.24-25).

Cuando los hombres que aborrecían a Isaac vieron la renovación de este, fueron y le dijeron:

> Hemos visto que Jehová está contigo; y dijimos: Haya ahora juramento entre nosotros, entre tú y nosotros, y haremos pacto contigo, que no nos hagas mal, como nosotros no te hemos tocado, y como solamente te hemos hecho bien, y te enviamos en paz; tú eres ahora bendito de Jehová (Génesis 26.28-29).

Los cielos se abrieron e Isaac fue prosperado en paz y hasta sus vecinos vieron que Dios estaba con él. No tuvo que convencer a nadie, no tuvo que negociar, no tuvo que engañar mintiendo. Ellos fueron y lo honraron.

Jacob tuvo una experiencia similar. Luego de hacer trampas y engaños, Dios lo envió a la tierra de su padres, lugar al que pertenecía. Pero había un problema. Tenía que reconciliarse con su hermano Esaú, a quien había engañado. Ya no le quedaban engaños en su repertorio. Había llegado al límite de sus habilidades. Necesitaba la bendición de Dios. En un lugar llamado Peniel, Dios abrió los cielos y Jacob cambió para siempre. En ese lugar, Jacob luchó con Dios. Sabía que no podía enfrentar su futuro sin la bendición de Dios y luchó hasta lograrla. Estaba desesperado por obtener el toque renovador de Dios. ¡Qué hermosa ansiedad!

Cuando Dios le preguntó su nombre, Jacob tuvo que confesar: mi nombre es «engañador». Al ver la humillación de aquel hombre, Dios lo renovó y lo transformó. Cuando se encontró con Esaú, ya no era el «engañador», sino Israel, «príncipe vencedor». El Jacob viejo había muerto. Había sido renovado.

Dios abrió los cielos también en la vida de José. Durante su condena en la cárcel, José intentó lograr su libertad. Allí se hizo amigo del jefe de los coperos de Faraón. Cuando aquel hombre fue librado de la cárcel, José, el diplomático, le dijo:

> Acuérdate, pues, de mí cuando tengas ese bien, y te ruego que uses conmigo de misericordia, y hagas mención de mí a Faraón, y me saques de esta casa (Génesis 40.14).

José confiaba en este hombre. Pero la Biblia dice que el jefe de los coperos no se acordó de José (Génesis 40.23). ¡Qué triste! Así terminan nuestros mejores planes. José trató de negociar su libertad. Y por eso tuvo que soportar dos años más de prisión.

Pero Dios no se olvidó de él. Cuando Faraón tuvo un sueño, los cielos se abrieron y Dios le reveló la interpretación del sueño a José. En esos dos años, José aprendió a esperar en Dios. Luego de aquella prisión, luego de aquel desierto, los cielos se abrieron, y Dios se reveló y elevó a José de la cárcel al trono.

Moisés también trató de hacer la voluntad de Dios con sus propias fuerzas. Entendía que Dios lo había llamado para librar a su pueblo de la esclavitud. Había sido educado en la cultura egipcia. Era brillante intelectualmente, hábil en la política y fuerte físicamente. Confiaba en sus habilidades. En la primera oportunidad que tuvo mató a un egipcio que maltrataba a un judío. Tomó la justicia en sus manos. Después de todo, era Moisés, ahijado de la hija del Faraón, futuro libertador de Israel.

Dios tuvo que llevarlo al desierto para renovarlo. Un día, los cielos se abrieron en el monte Horeb y Moisés vio una zarza que ardía y no se consumía. De en medio de una zarza Dios lo llamó por nombre y él respondió: «Heme aquí» (Éxodo 3.4).

En aquel lugar, Dios lo llamó nuevamente. Pero ya a Moisés no le importaban sus propios ideales, ni sus intereses. Lo más importante para él ya no era su nombre, ni sus talentos ni sus habilidades. Lo único que le importaba era tener autoridad divina. Por eso quería saber el nombre de Dios. Y allí, en aquel lugar de total humillación, Dios abrió los cielos sobre Moisés y le reveló su nombre: *Yo soy el que soy.*

De esta manera, Dios le dio una autoridad basada en la revelación de su nombre.

Algo semejante sucedió con Isaías. Cuando el rey Uzías murió y el trono de Israel quedó vacío, momento sumamente amargo en la vida de Isaías, los cielos se abrieron y el Señor se le reveló sentado en un trono alto y sublime. El profeta salió de aquel lugar renovado, con un mensaje claro para el pueblo de Israel.

Cuando Jesús se humilló y Juan el Bautista le bautizó en cumplimiento de las profecías, los cielos se abrieron y el Espíritu Santo y el Padre se manifestaron.

Cuando Esteban abandonó su vida en las manos de Dios y no se defendió al ser condenado a muerte, los cielos se abrieron y Jesús le fue revelado en visión. El rostro de Esteban brilló y pudo enfrentarse a la muerte sin temor.

Finalmente, en el último libro de la Biblia, los cielos se abrieron para Juan. Su apostolado había sido triunfante, pero había sido confinado a la isla de Patmos por el testimonio de Cristo. En aquella isla abandonada, no se quejó ni le pidió a Dios que lo liberara. Estando en el Espíritu en el día del Señor, los cielos se abrieron y oyó una voz, la voz del Primero y el Último, el que vive, el que estuvo muerto y vive por los siglos de los siglos, el que tiene las llaves del Hades y de la muerte. Recibió la revelación de Jesucristo, el testigo fiel, el primogénito de los muertos, el soberano de los reyes de la tierra, el que nos amó y nos lavó de nuestros pecados con su sangre y nos hizo reyes y sacerdotes para Dios, el que viene en las nubes y será visto por todo ojo, el Alfa y la Omega, el que es y que era y que ha de venir, el Señor Todopoderoso.

¿Cuándo se abren los cielos? Cuando no hay engaño, cuando cesamos de trabajar para complacer a Dios, cuando no tratamos de ayudar a Dios, cuando desaparecen los planes humanos y quedan solamente los de Dios. Se abren cuando nos rendimos, aunque estemos:

- En el desierto del espíritu, como Jesús.

- En un altar sacrificando lo único que poseemos, como Abraham.

- En un lugar rodeados de enemigos, como Isaac.

- Frente a una persona sumamente airada, como lo estuvo Jacob.

- En una cárcel, como José.

- En un desierto, como Moisés.

- Enlutados, como Isaías.

- Camino a la cruz, como Jesús.

- Frente al martirio, como Esteban.

- Solos y abandonados, como Juan en Patmos.

- Habiéndole fallado a Jesús, como lo hizo Pedro.

Los cielos se abrirán y seremos renovados. Dios revelará su persona, su gloria, de maneras nuevas y frescas.

En ese lugar de renovación, Dios le pedirá que le entregue cualquier cosa que impida la plena revelación de Cristo hasta que Él sea nuestro único deseo. ¿Notó cuál es la característica en común en las experiencias renovadoras que hemos citado? Dios pide algo, nosotros entregamos lo que nos pide y Él nos da una nueva revelación de su persona. ¿Qué entregaron los personajes que hemos mencionado?

• Abraham le entregó su vida y la vida de su hijo.

• Isaac le entregó sus derechos y sus bienes.

• Jacob le entregó su crisis, su pasado engañoso y su futuro.

• José le entregó la injusticia cometida contra su vida.

• Moisés le entregó su nombre, sus talentos y su vida.

• Isaías le entregó el trono de su corazón.

• Pedro le entregó sus fuerzas humanas.

• Esteban le entregó su vida física.

• Juan le entregó su vida en una isla.

• Jesús se entregó mediante el Espíritu.

Todos estos recibieron revelaciones de Dios que transformaron sus vidas. «Por tanto», como dice el escritor del libro a los Hebreos, «nosotros también, teniendo en derredor nuestro tan grande nube de testigos, despojémonos de todo peso y del pecado que nos asedia, y corramos con paciencia la carrera que tenemos por delante, puestos los ojos en Jesús, el autor y consumador de la fe, el cual por el gozo puesto delante de Él sufrió la cruz, menospreciando el oprobio, y se sentó a la diestra del trono de Dios» (Hebreos 12.1-2). Abraham, Isaac, Jacob, José, Moisés, David, Isaías, Pedro, Esteban y Juan son nuestra nube de testigos. Ahora nos toca emprender nuestra carrera.

Para correr hay que hacer varias cosas.

1. *Despojarse de todo peso.* Un peso es masa, gordura. Es algo que no tiene valor. Son actividades que no producen carácter, que no dan frutos a nuestra vida. Hay que

entregar todo peso, todo lo gordo, lo inservible. Peso no es pecado, pero es estorbo. Nos asedia. Si no lo entregamos, tropezaremos en el camino a la renovación.

2. *Despojarse de todo pecado.* Hay una sola manera de hacerlo: Confesar. Juan dice en su primera epístola que si confesamos nuestros pecados, Él es fiel y justo para limpiarnos.

3. *Correr con la mirada fija en Jesús y seguir su ejemplo de rendición.* ¿Significa esto que debemos levantar los ojos al cielo y mirar siempre arriba pasando por alto las situaciones cotidianas? No. Mirar a Cristo significa simplemente creer en Él. Es lo que dijo Cristo en Juan 3.14-15: «Y como Moisés levantó la serpiente en el desierto, así es necesario que el Hijo del Hombre sea levantado, para que todo aquel que en Él cree, no se pierda, mas tenga vida eterna».

Una vez, Dios me pidió que le entregara el deseo de tener «experiencias». Mi anhelo era ver el mundo espiritual, como muchos que dicen ver ángeles y demonios. Dios me habló y me dijo que no necesitaba ver ángeles para saber que tenemos protección angelical. ¿No dice el Salmo 91 que los ángeles me guardan en todos mis caminos, y que me llevan en sus manos para que mi pie no tropiece? Tampoco necesitaba ver demonios para saber que nuestra guerra no es contra sangre ni carne (Efesios 6.12). Dios me mostró que lo importante es saber que Él es el Altísimo, el Omnipotente, de acuerdo a su Palabra. Cuando creemos en la Biblia sin depender de las experiencias, ponemos los ojos en Jesús, el autor y consumador de nuestra fe.

Hable con el Señor. Dígale que desea ser renovado en su revelación. Quien conoce a Dios, es transformado. Conocía mucho acerca de Cristo, pero no tenía una revelación íntima y personal con Él.

Posiblemente usted ha conocido a Jesús como su Salvador. Él es mucho más que su Salvador y Sanador. Es mucho más de lo que entendemos y pedimos. Él es mucho más que experiencias. Es mucho más de lo que usted ha conocido y experimentado. No se conforme con lo visto, experimentado y aprendido. No se conforme con lo que ha logrado. Únase al sentimiento de Pablo:

Por esta causa doblo mis rodillas ante el Padre de nuestro Señor Jesucristo, de quien toma nombre toda familia en los cielos y en la tierra, para que os dé, conforme a las riquezas de su gloria, el ser fortalecidos con poder en el hombre interior por su Espíritu; para que habite Cristo por la fe en vuestros corazones, a fin de que, arraigados y cimentados en amor, seáis plenamente capaces de comprender con todos los santos cuál sea la anchura, la longitud, la profundidad y la altura, y de conocer el amor de Cristo, que excede a todo conocimiento, para que seáis llenos de toda la plenitud de Dios. Y a Aquel que es poderoso para hacer todas las cosas mucho más abundantemente de lo que pedimos o entendemos, según el poder que actúa en nosotros, a Él sea gloria en la iglesia en Cristo Jesús por todas las edades, por los siglos de los siglos. Amén (Efesios 3.14-21).

7 Conforme al corazón de Dios

A quel viernes por la noche en Toronto pude contemplar detenidamente a un hombre de Dios que estaba de pie en una gran plataforma. Aunque se hallaba frente a miles de personas, adoraba a Dios como si hubiera estado solo en su habitación. Nunca había visto a un predicador adorar como lo estaba haciendo el pastor Benny Hinn. Estaba acostumbrado a ver al predicador subir al púlpito, saludar a la congregación y luego predicar un mensaje. Después de todo, los predicadores son para predicar. Generalmente se transforman en el centro de atención.

Miles de personas en el auditorio comenzaron a adorar a Dios junto con él. Al principio de la reunión, todos los ojos estaban fijos en el predicador y en la expectativa de los milagros que presenciarían. Pero a medida que se desarrollaba el culto de adoración nos íbamos olvidando del lugar donde estábamos. Honrar y glorificar a Cristo se convertía el propósito principal de la ocasión.

El pastor Hinn estuvo durante más de una hora adorando al Señor con los ojos cerrados y las manos levantadas. Constantemente nos decía que mantuviésemos los ojos cerrados y que adoráramos a Cristo. Allí Él era lo único importante.

Gradualmente fue entrando en la presencia de Dios hasta alcanzar el mismo trono divino. Durante un momento pareció que había llegado frente a Jesús. En ese instante presentó la intercesión de la noche: «¡Señor, toca a los necesitados!» Así surgió la confianza, la valentía. En ese instante de absoluta confianza, el pastor Hinn parecía estar segurísimo de que todo lo que iba a pedir frente al trono iba a ser concedido. Sucedieron milagros físicos espectaculares. Muchos fueron liberados de vicios, ataduras mentales y satánicas; y otros recibimos la unción del Espíritu Santo. ¿Cuál fue la clave? ¿Cuál fue la puerta? ¿Por qué sucedieron tantos milagros? Porque se predicó la Palabra de Dios con unción y en actitud de adoración.

Cuando la concentración terminó, algunos ministros comentaron lo que había sucedido. Se decía que muchos, al volver a los lugares donde desarrollaban sus ministerios, comenzarían a orar por los enfermos, cambiarían el programa de sus cultos y lo adaptarían al orden que vieron en la cruzada.

Un verdadero adorador Más que su manera de ministrar, más que su estilo, me impactó la manera en que adoraba al Señor, cómo se rendía a la voluntad del Espíritu Santo para ser usado como instrumento de bendición, cómo guiaba a esas miles de personas a quitar su mirada del hombre y ponerlas en Cristo. El secreto de aquella poderosa unción para la proclamación de la Palabra de Dios, para sanidad y liberación, estaba en una adoración rendida, humilde, postrada a los pies del Rey Jesús, el Hacedor de milagros. Salí de aquel culto dispuesto a ser un adorador. Ese es el primer paso: proponerse uno ser un verdadero adorador, decir: «Padre, ¿me has estado buscando? Aquí estoy. Quiero adorarte en espíritu y verdad. Enséñame».

Al día siguiente comencé a formular cientos de preguntas a Dios. ¿Y qué va a pasar ahora? ¿Cómo voy a cambiar? ¿Qué va a suceder conmigo? Me sentía inseguro, pero al mismo tiempo lleno de esperanza. Siempre había estado consciente de la voluntad de Dios en mi vida en contraste con mis defectos y mis faltas, los cuales anhelaba eliminar y superar. Deseaba desarrollar mis talentos y habilidades para ser un mejor siervo de Dios. El problema era que nunca había sentido que lo estaba logrando.

Arrepentimiento genuino
Tuve que dar un segundo paso crucial hacia la renovación espiritual: arrepentirme. Esta es la llave que nos introduce a la renovación.

¿Qué es «arrepentimiento»? En primer lugar, es un cambio de manera de pensar, de actitud, que produce pesar, dolor. Este cambio no transforma el corazón. Simplemente produce remordimiento. Tal fue el caso de Judas, en Mateo 27.3:

> Entonces Judas, el que le había entregado, viendo que era condenado, devolvió arrepentido las treinta piezas de plata a los principales sacerdotes y a los ancianos.

Judas se sintió mal cuando vio a Jesús atado, entregado en las manos de Pilato (Mateo 27.2). Su reacción fue el suicidio. Su «arrepentimiento» no cambió su corazón; sencillamente lo deprimió y lo llevó a ahorcarse. Sentirse mal no es verdadero arrepentimiento.

En segundo lugar, el arrepentimiento es un cambio de dirección luego de un análisis transformador de la conducta y se produce como resultado del conocimiento. Como consecuencia, se abandona lo malo y se cambia de rumbo hacia lo bueno.

En el caso de la renovación, el arrepentimiento va más allá del remordimiento, de la admisión de falta. Hay un cambio de dirección en que no solamente se aparta uno de lo opuesto a Dios, sino que se vuelve hacia Dios. El corazón que se renueva no solamente se aparta del pecado, de la autosuficiencia y del orgullo, sino que se vuelve por completo hacia Dios.

La Biblia nos dice que el arrepentimiento trae perdón de pecados y tiempos de renovación de la presencia del Señor. Hechos 3.19 dice:

Así que, arrepentíos y convertíos, para que sean borrados vuestros pecados; para que vengan de la presencia del Señor tiempos de refrigerio.

En otras palabras, el corazón que se torna enteramente hacia Dios recibe renovación de su misma gloriosa presencia. Pero hay experiencias que no nos llevan a la renovación. En campamentos, campañas evangelísticas o conferencias, al enfrentar ciertas verdades, solía sentir remordimiento por mis faltas y mis irresponsabilidades. Aquel remordimiento me duraba apenas unas horas, unos días. El arrepentimiento que solo nos lleva a los altares con lágrimas en los ojos, nos hace sentir culpables y frustrados, pero no nos conduce ni a un cambio ni a la renovación.

Hechos 13.22 dice que Dios eligió a David como rey de Israel por la sencilla razón de que era un hombre con un corazón conforme al suyo. El creyente que vive una experiencia renovadora busca tener un corazón conforme al corazón de Dios. ¿En qué era David diferente de muchos? En que el deseo más profundo de su corazón era conocer a Dios. Expresó sus sentimientos así:

Dios, Dios mío eres tú; de madrugada te buscaré; mi alma tiene sed de ti, mi carne te anhela, en tierra seca y árida donde no hay aguas, para ver tu poder y tu gloria, así como te he mirado en el santuario (Salmo 63.1-3).

David no tenía sed de sabiduría, como Salomón, ni de poder ni de victoria. Tenía hambre de Dios. Tenía sed de Dios, de comunión personal con su Creador. Su alma tenía sed del Dios vivo. El deseo más ardiente de David era presentarse delante de Dios para adorarle y conocerle íntimamente.

El Salmo 51 explica claramente cómo David se desespera por mantener esa comunión con Dios. Luego de haber deseado una mujer casada y de haber planeado la muerte de su esposo para quedarse con ella, David gime:

Crea en mí, oh Dios, un corazón limpio, y renueva un espíritu recto dentro de mí. No me eches de delante de ti, y no quites de mí tu Santo Espíritu (Salmo 51.10-11).

Tener un corazón arrepentido, dirigido totalmente hacia Dios, es hacer todo lo que Él quiere. Es no comprometerse con la mente natural. Es no permitir que la naturaleza humana se apodere de la obra y los intereses de Dios para gobernarlos y manipularlos. En esto precisamente ha consistido nuestro gran fallo. Tomar el lugar de Dios nos ha paralizado y ha impedido la renovación. Nos hemos puesto a cargo de la regeneración, de la justificación y de la santificación. Creemos que tenemos que cambiarnos a nosotros mismos, que debemos esforzarnos para lograr ser como Cristo.

Quizás en esta actitud hay algo del problema de Diótrefes. Juan, el apóstol, escribe: «Pero Diótrefes, *al cual le gusta tener el primer lugar*, no nos recibe» (3 Juan 9, cursivas añadidas). Es tener una actitud que no se somete a la cruz de Cristo, es tener una mente que no se somete al Espíritu de gracia. Normalmente se tienen en muy alta estima y es muy común en el pueblo de Dios. Sin embargo, si queremos ser renovados, todo lo que quiere tomar el primer lugar tiene que desaparecer. Es entonces cuando Cristo puede obrar.

El camino a la adoración

El adorador es una persona que ha dirigido su corazón a Dios para hacer enteramente su voluntad. ¿Cómo se comienza? Con el arrepentimiento.

El corazón que se aparta del esfuerzo humano y se vuelve a Dios, está listo para adorar. Pero, ¿qué es la adoración para muchos en el mundo cristiano?

1. *Es una manera de descargarse de las preocupaciones de la vida.* ¿Cuál es el propósito de la adoración en este caso? Sentir un alivio de las presiones cotidianas. Con esa acti-

tud, el alma se enfoca en los problemas y en las cargas, no en Dios. El corazón no está dirigido a Dios sino a sus necesidades.

2. *Es una manera de regocijarse.* ¿Cuál es el propósito de la adoración en este caso? Olvidarnos de nuestras situaciones difíciles y experimentar alegría, paz y tranquilidad. Con esa actitud el alma se enfoca en sí misma, no en Dios.

3. *Es una manera de aliviar nuestra conciencia de responsabilidad ante Dios.* Después de todo, Dios es digno de adoración. Debemos adorarle. Es como un deber. Con esa actitud el alma se preocupa de complacer a Dios, del cumplimiento de sus deberes por temor a un castigo. En los cultos, la adoración es parte del programa. En nuestra vida devocional privada, la adoración no es muy importante. Para la gran mayoría, lo más importante es la oración de súplica en que presentamos nuestras necesidades. Después de todo, Dios es el único que puede suplirlas. Si tenemos una vida devocional, la usamos para presentarle a Dios nuestra lista de necesidades, de inquietudes y de preocupaciones. Y la adoración, ¿no es importante? Al parecer, no. Nuestro corazón no está dirigido a Dios, sino a nuestras necesidades. Nuestro corazón no se ha vuelto a Dios, sino a nuestros esfuerzos humanos por complacer a Dios, por ver si nos concede una petición. Nuestro corazón está dirigido hacia adentro, siempre contemplando nuestra situación humana defectuosa.

Así era yo. Me sacrificaba orando. Me parecía que mientras más oraba, más complacía a Dios y más pronto me contestaría. El enfoque de mi relación con Dios era el siguiente:

1. *Mi vida:* Señor, ayúdame. Señor, fortaléceme. Señor, ábreme esta puerta. Señor, bendíceme. Señor, cámbiame.

2. *Mi ministerio:* Señor, prospera. Señor, dirígeme. Señor, obra. Señor, dame gracia. Señor, úsame.

3. *La obra de Dios:* Señor, remueve este problema. Señor, soluciona este conflicto. Señor, cambia esto, *¡ahora!*

¿Cuál es el problema? El latir de nuestro corazón, el propósito de nuestra vida, el blanco de nuestra mirada y el sentido de nuestro existir están totalmente dirigidos hacia adentro, están invertidos. Nuestro ser se está contemplando constantemente.

Los que no conocen a Cristo, al contemplarse, llegan a la conclusión de que tienen que solucionar sus conflictos internos con las cosas de esta tierra. Para muchos la meta primordial es la diversión, la acumulación de bienes, el poder, el alcohol y las drogas. Estas son medidas que la gente toma para aplacar la reacción que se produce cuando contemplan su vida interior vacía.

Cuando los que conocen a Cristo se contemplan, llegan a la conclusión que tienen que solucionar sus conflictos internos agradando a Dios con actividades religiosas y buena conducta moral.

¿Cuál es el problema central? Que tenemos el corazón dirigido hacia nosotros mismos. Nuestro corazón está siempre contemplándose. No tengo que explicarle lo que sabe de usted mismo. No tengo que explicarle lo que siente en su interior cuando las luces se apagan y recuesta la cabeza en la almohada. ¿Hacia dónde se dirigen sus pensamientos cuando la radio y la televisión se apagan, cuando el culto y su música terminan, cuando se queda solo con su situación?

Las corrientes religiosas y filosóficas más en boga en este mundo recomiendan otros enfoque. La Nueva Era, por ejemplo, enseña que somos dioses. Dicen que para llegar a un estado de paz y balance en que nuestra vida desarrolle al máximo su potencial, hay que enfocarse hacia adentro, hacia nuestra alma, hacia el «dios» que somos. El medio o la técnica para lograrlo es la meditación. El mundo material es dañino y malo. Lo bueno, lo divino, está en nuestro interior.

El materialismo, por otro lado, enseña que la paz y la prosperidad se logran acumulando bienes, poder e influencia. Su enfoque total es externo.

En otras palabras, por un lado la Nueva Era dice a la persona que se contemple por dentro a través de la meditación. Allí encontrará paz y equilibrio. El materialismo, por el otro, le dice que busque el bienestar a través de la obtención de bienes y reconocimientos. Uno puede mirar hacia adentro y hacia afuera, hacia lo interno y lo externo.

Pero, ¿hacia dónde nos exhorta la Biblia que miremos? En el capítulo 12 de su epístola, versículo 1, el escritor de Hebreos nos explica lo siguiente:

a. «Tenemos en derredor nuestro una gran nube de testigos». Estos testigos fueron hombres y mujeres que nos han dado el ejemplo de fe. A pesar de las imposibilidades, miraron a Aquel que les había prometido la victoria.

b. Debemos despojarnos de todo peso y de todo pecado que nos haga tropezar. ¿Podemos por nuestra capacidad eliminar el pecado de nuestras vidas? ¡No, mil veces no!

c. Hay que correr con paciencia la carrera que tenemos por delante. ¿Podemos correr con nuestras fuerzas? ¡No, mil veces no!

Entonces, ¿qué hacer? En los versículos 2 y 3 del mismo capítulo, nos dice claramente: «Puestos los ojos en Jesús, el autor y consumador de la fe, el cual por el gozo puesto delante de Él sufrió la cruz, menospreciando el oprobio, y se sentó a la diestra del trono de Dios. Considerad a aquel que sufrió tal contradicción de pecadores contra sí mismo, para que vuestro ánimo no se canse hasta desmayar».

¿Hacia dónde tiene que estar enfocada la mirada del creyente? Hacia Cristo Jesús, el autor y consumador de la fe. Él es el autor de mi fe. Es el generador de la fe en mi vida. Yo no genero fe. Puedo orar, ayunar, sacrificarme hasta lo sumo. Ninguno de esos esfuerzos producirán fe en mi vida. La fe es lo único que agrada a Dios. Pero la que proviene de Él mismo es la que agrada a Dios. Si agradamos a Dios por la fe, es porque Él nos hace aptos para agradarle.

Y el Dios de paz que resucitó de los muertos a nuestro Señor Jesucristo, el gran pastor de las ovejas, por la sangre del pacto eterno, os haga aptos en toda obra buena para que hagáis su voluntad, haciendo Él en vosotros lo que es agradable delante de Él por Jesucristo; al cual sea la gloria por los siglos de los siglos. Amén (Hebreos 13.20-21).

Fijos los ojos en Cristo

Hoy en día se pone mucho énfasis en la adoración y en la alabanza. Se producen muchas grabaciones musicales. Y se llevan a cabo muchos cultos de adoración y alabanza. Pero todavía me pregunto, ¿entendemos lo que significa la verdadera adoración? He notado tres reacciones.

Hay un grupo que se opone a todo lo externo del movimiento de adoración y alabanza. A estos le preocupan la música, los músicos y el estilo externo. Les preocupa que la música no se adapta a su cultura en particular, les preocupa que haya danza, les preocupa el tiempo que se consume cantando.

Hablan de «tipos de adoración», de adoración aceptable y no aceptable según su denominación y sus doctrinas históricas. Finalmente, juzgan las motivaciones de los que están al frente de movimientos de renovación.

Hay un grupo que está encantadísimo. Compran todas las grabaciones, asisten a todos los conciertos y siguen con sumo cariño y admiración a los hombres y mujeres que Dios ha levantado para concientizar a los pueblos en la adoración y la alabanza. Estos son los que sinceramente quieren cambiar toda la música, desechar lo viejo y «anticuado». Piensan que con grupos de adoración y alabanza, música e instrumentos, libros y enseñanza alcanzarán un más alto nivel espiritual. Han hecho de este movimiento una causa, una cruzada, una revolución. Pero a pesar de sus buenas intenciones, allí termina el compromiso con la adoración y la alabanza: en la música, en lo externo, en una experiencia nueva, en concierto tras concierto, en conferencia tras conferencia, en grabación tras grabación.

Pero hay un tercer grupo. Estos son los verdaderos adoradores, los que no se preocupan por la música, aunque es uno de los medios más importantes en la adoración. Su meta principal es tener un corazón conforme al de Dios. Su mirada está en Dios, en sus promesas, en su grandeza, en la cruz ensangrentada, en la obra consumada de Cristo en la cruz, en la tumba vacía, en la victoria absoluta y total contra todo principado y potestad, y en aquel Cordero que está sentado en el trono, autor y consumador de mi fe.

Un verdadero adorador está consciente de la verdad. Y esta es que somos pecadores, inmundos, imperfectos, y que lo mejor que podemos ofrecerle a Dios no es sino «trapos de inmundicia». Pero la verdad también nos dice que Cristo vino a ponerse en nuestro lugar, a vivir una vida perfecta como representante nuestro y que cumplió la Ley de Dios que nadie pudo cumplir. Cristo se ofreció voluntariamente como sacrificio inocente. Él pagó, saldó y eliminó la deuda que teníamos con Dios a través de su sangre santa. En los últimos segundos de su vida, en la cruz del Calvario, proclamó que su obra a mi favor quedaba completa, terminada. Exclamó: «Consumado es».

Y ahora, la verdad me dice que aunque no sea justo, soy justificado y declarado inocente de toda culpa porque Dios me favorece con la justicia de su Hijo. ¿Cómo se logra obtener el manto de la justicia de Cristo? ¿Cómo logramos obtener la justificación de nuestros pecados? ¿Cómo tenemos paz para con Dios? Romanos 5.1-2 da la respuesta:

Justificados, pues, por la fe, tenemos paz para con Dios por medio de nuestro Señor Jesucristo; por quien también tenemos entrada por la fe a esta gracia en la cual estamos firmes, y nos gloriamos en la esperanza de la gloria de Dios.

En el Antiguo Testamento, en Números 21, leemos acerca de una tragedia que se produjo en Israel. Los israelitas estaban en camino a la tierra prometida. Lo único que Dios pedía de Israel era fe. Pero Israel, en lugar de creer a Dios, se fijaba en las imposibilidades, en los enemigos que se les presentaban en el desierto. En el camino de la fe se interponen muchos obstáculos que nos hacen quitar la mirada de la promesa, se presentan pesos y pecados que nos hacen tropezar en la carrera. Para llegar a la tierra prometida de Canaán, Israel debía pasar por territorio edomita. Los edomitas eran descendientes de Esaú y los israelitas de Jacob. Eran de un mismo linaje de sangre, pero no del mismo linaje espiritual. Israel era del linaje de Jacob, un hombre que deseó la bendición de Dios con todo su corazón. Edom era del linaje de Esaú, un hombre que desechó la bendición de Dios.

Los edomitas odiaban a los israelitas. Siempre fueron sus enemigos. En esta ocasión fueron crueles. No permitieron que Israel, con sus más de dos millones de hombres, mujeres y niños, pasaran por su territorio. Israel tuvo que tomar un camino más largo hacia la tierra prometida. Ante esto, los israelitas se desanimaron. Cuenta Números 21.5 que el pueblo habló contra Dios y contra Moisés: «¿Por qué nos hiciste subir de Egipto para que muramos en este desierto?», dijeron, «pues no hay pan ni agua, y nuestra alma tiene fastidio de este pan tan liviano».

Los israelitas se quejaron a pesar de que Dios les daba maná todos los días, los mantenía sanos, la ropa y el calzado no se les gastaban y estaban constantemente protegidos con una nube de día y una columna de fuego de noche. Al tropezar con Edom, pusieron la mirada en las circunstancias y culparon a Dios y a Moisés. Entonces Él respondió. Dios siempre responde cuando quitamos nuestros ojos de Él. Números 21.6 consigna su respuesta:

Y Jehová envió entre el pueblo serpientes ardientes, que mordían al pueblo; y murió mucho pueblo de Israel.

De repente, los israelitas se olvidaron de los edomitas, del maná, del agua, de los inconvenientes del desierto. El problema eran las serpientes.

La disciplina de Dios en nuestras vidas viene sola y exclusivamente cuando quitamos la mirada de Él y la ponemos en nuestra necesidad o en algo o alguien que nos pueda ayudar. Pero no es para castigarnos, sino para recordarnos que debemos poner los ojos en Cristo, el autor y consumador de la fe. Si usted lee todo el capítulo 12 de Hebreos, el escritor habla de la disciplina de Dios en nuestras vidas.

Las serpientes produjeron un cambio en Israel. Se arrepintieron.

Entonces el pueblo vino a Moisés y dijo: Hemos pecado por haber hablado contra Jehová, y contra ti; ruega a Jehová que quite de nosotros estas serpientes. Y Moisés oró por el pueblo. Y Jehová dijo a Moisés: Hazte una serpiente ardiente, y ponla sobre una asta; y cualquiera que fuere mordido y mirare a ella, vivirá (Números 21.7-8).

Lea lo que dijo Jesús acerca de esto:

Y como Moisés levantó la serpiente en el desierto, así es necesario que el Hijo del Hombre sea levantado, para que todo aquel que en Él cree, no se pierda, mas tenga vida eterna (Juan 3.14-15).

Mirar a Cristo significa creer en Él y en sus promesas. Poner nuestros ojos en Jesucristo es creer que Él es el autor de la fe en nuestras vidas. Él está a cargo de nuestras vidas, nos hace aptos, nos dirige, nos cambia. Cristo es la fuente de toda bendición. En Él está todo lo que necesitamos. Si nuestra vida espiritual o nuestra conducta cristiana está fallando porque le falta algo, Él completa lo que falta.

El *fuego purificador de Dios*   Isaías reci-

bió la maravillosa revelación de la adoración frente al trono del Señor (Isaías 6) en el momento más crítico de su vida. El rey Uzías, uno de los reyes más amados y respetados en la historia de Israel (porque había llevado prosperidad y paz a Israel), estaba muriendo de lepra. Según la Ley Mosaica, los leprosos no podían convivir con el pueblo. El trono, pues, estaba vacío. En esa situación, Dios le mostró que hay un trono que nunca está vacío. Aunque la situación sea irremediable, hay un Rey y Señor que está sentado permanentemente en el trono. Ese trono es alto y sublime.

La palabra «alto» significa «enaltecido». Dios le reveló a Isaías un trono que a cada instante se hacía más alto. Y lo más lindo es que Isaías se elevaba con el trono. La autoridad, el poder y la majestad de Dios no es simplemente grande. Dios se engrandece constantemente. Dios se hace más alto, más elevado. Dios es tan alto, tan grande, que eternamente se engrandecerá y elevará y enaltecerá sin límites y sin fin.

Isaías vio al Señor en su santidad. Los ángeles se cubren el rostro frente a la santidad de Dios. No pueden contemplar a Dios ni a su santidad porque el que lo hace es transformado (2 Corintios 3.18). Los ángeles no son creados a la imagen de Dios. Nunca serán transformados a la imagen de Cristo por el Espíritu del Señor. Eso es para los redimidos. Eso era para Isaías. Isaías miró la santidad de Dios a cara descubierta. Vio que todo estaba lleno de la gloria de Dios. Pero de repente, Isaías cambió la mirada. Se miró y dijo:

> ¡Ay de mí! que soy muerto; porque siendo hombre inmundo de labios, y habitando en medio de pueblo que

tiene labios inmundos, han visto mis ojos al Rey, Jehová de los ejércitos (Isaías 6.5).

Si contemplamos la santidad de Dios y luego contemplamos nuestra miserable condición interna de inmundicia, vamos a lanzar el mismo gemido: «¡Ay de mí que soy muerto!» Basta pensar que debemos agradar a ese Dios perfecto y santo para sentirse angustiado.

Pero gracias a Dios que en el cielo no solo está su trono. Hay otro lugar que Dios le muestra a Isaías: un altar con un fuego encendido. Era un lugar de sacrificio cruento. En el altar de Dios hay sangre, la sangre del Cordero. En el altar de Dios hay purificación de pecados por la sangre de Jesús. Cuando nos confesamos con un arrepentimiento verdadero, que es más que remordimiento y dolor por nuestra inmundicia, alcanzamos justificación por la fe basada en la obra consumada de Cristo en la cruz.

Isaías confesó. Cuando confesamos nuestro pecado, la Biblia dice:

> Pero si andamos en luz, como Él está en luz, tenemos comunión unos con otros, y la sangre de Jesucristo su Hijo nos limpia de todo pecado[...] Si confesamos nuestros pecados, Él es fiel y justo para perdonar nuestros pecados, y limpiarnos de toda maldad (1 Juan 1.7,9).

En el preciso momento en que Isaías confesó, Dios tocó sus labios inmundos para purificarlos y declaró:

> He aquí que esto tocó tus labios, y es quitada tu culpa, y limpio tu pecado (Isaías 6.7).

Dios purificó a Isaías luego de su confesión en dos aspectos:

1. *Es quitada tu culpa.* Quitada significa retirada, levantada, removida, mudada. Culpa significa perversidad, conducta torcida, depravada. Cuando Dios quita algo, lo quita perfecta y completamente. Nuestros pecados, nuestra conducta depravada, nuestras ofensas, nuestras faltas,

Dios las levanta de nuestros corazones, se las lleva y las deposita en la profundidad de su olvido. No deja culpabilidad alguna. Somos declarados inocentes, como si nunca hubiésemos cometido el pecado.

2. *Limpio tu pecado.* El término que se traduce «limpio» significa también «cubierto». Pecado significa también «condición pecaminosa». Cuando confesamos, Dios nos perdona ese pecado, pero no nos quita nuestra condición pecaminosa. Nuestra condición de naturaleza pecaminosa y adámica es cubierta con la sangre de Cristo. Un día seremos transformados. Nuestro cuerpo corruptible, nuestra carne pecaminosa, nuestra naturaleza adámica, será cambiada por un nuevo cuerpo glorificado. Seremos como Él es. Mientras tanto, la sangre de Jesucristo cubre o esconde nuestra naturaleza pecaminosa porque Dios no puede ver el pecado. Nosotros creemos que el pecado que nos separa de Dios son los pecados diarios, las fallas, las caídas, las ofensas. Esos pecados son removidos cuando los confesamos. Lo que verdaderamente nos separaba de Dios era nuestra naturaleza pecaminosa heredada de Adán. Esa condición no se puede eliminar. La única solución es cubrirla. Cuando en la Pascua Dios vio la sangre sobre los dinteles de las puertas de los israelitas, «pasó» y no entró a sus casas con la muerte. Cuando Él ve la sangre de Cristo sobre nuestra naturaleza perversa, «pasa» sobre nuestras vidas y nos acepta en el Amado.

Muchos dirán: «¡Qué fácil!» Es más difícil de lo que parece, más exigente. Este es el evangelio de la gracia. El que entiende y alcanza la gracia entiende también que de la gracia no se puede abusar. El que verdaderamente acepta la gracia no abusa de ella porque entiende que Cristo pagó un gran precio, que lo hizo por amor y que para siempre debemos agradecérselo.

Mi esposa me ama profundamente. Conoce mis defectos y, a pesar de eso, me ama. Si cometo alguna ofensa, me perdona. Pero esa seguridad no me conduce a traicionarla. La seguridad de su amor hace que cada día la aprecie más, la proteja más, la ame más. Lo mismo ocurre con Dios. Su amor es desinteresado. Su gracia es inmerecida. Cuanto más veo el amor y la gracia de Dios, más repulsión me causa el pecado. Isaías recibió el perdón de Dios. Sus faltas fueron arrancadas y su condición pecaminosa fue cubierta. Eso produjo algo grandioso. De repente comenzó a oír una conversación celestial. La aplicación de la sangre a su vida abrió sus oídos y pudo escuchar a Dios diciendo:

¿A quién enviaré y quién irá por nosotros? (Isaías 6.8).

La cercanía de Dios Dios no estaba hablando con Isaías. La Trinidad estaba conversando. Buscaban un mensajero. Dios le reveló su corazón. Luego de la purificación, Dios siempre nos muestra la pasión de su corazón para que se anuncie su voluntad a los pueblos, que se declare su salvación.

Hay una mentira que Satanás ha propagado a través de la historia: quiere que el hombre crea que Dios es inaccesible, que es tan santo que no desea tener comunión con él. Pero el adorador que conoce bien el corazón de Dios no ve eso. Dios es nuestro Padre. Él siempre toma la iniciativa. Luego de que Adán y Eva pecaron, Dios no los rechazó. Lo que sucedió fue que «el hombre y su mujer se escondieron de la presencia de Jehová Dios entre los árboles del huerto. Mas Jehová Dios llamó al hombre diciendo: ¿Dónde estás tú?»

Desde ese día, Dios siempre está buscando y preguntando: «¿Dónde están mis criaturas?» Y el hombre continúa huyendo de Dios. Los cristianos muchas veces evadimos la adoración íntima con Él. Nos gusta cantar, gritar, danzar y hablar. Pero cuando hay silencio, muchos se ponen nerviosos. Cuando se habla de adoración, muchos no se sienten bien. Cuando oímos himnos o coros lentos, de reflexión, decimos que son tristes, deprimentes. Es que hemos creído en la mentira diabólica de que Dios está enojado con nosotros. El que comienza a conocer el corazón de Dios en la adoración se da cuenta rápidamente de que Él es el más interesado en comunicarse con sus hijos. Dios quiere manifestar su amor, su gracia, su perdón y su calor de Padre. Quiere traer a todo ser humano a aquel altar para allí tocar sus labios, quitar sus culpas y limpiar sus pecados. Dios desea llevarnos a la fuente, que es Cristo.

En aquel tiempo habrá un manantial abierto para la casa de David y para los habitantes de Jerusalén, para la purificación del pecado y de la inmundicia (Zacarías 13.1).

Y me dijo: Hecho está. Yo soy el Alfa y la Omega, el principio y el fin. Al que tuviere sed, yo le daré gratuitamente de la fuente del agua de la vida. El que venciere heredará todas las cosas, y yo seré su Dios, y él será mi hijo (Apocalipsis 21.6-7).

Dios quiere que se anuncie el evangelio de Cristo. Hemos concebido a un Dios «exclusivista» que solamente se ocupa de sus hijos. Hemos concebido a un Dios que solamente se ocupa de los «perfectos, maduros y santos». A Dios le interesan también los rebeldes, los desobedientes, los descarriados. ¡Todavía hay esperanza!

Cuando entendí esta verdad, fui renovado. En mi mente hago una diferencia entre el David de antes de la renovación y el de después de la renovación. El que aprende a conocer el deseo del corazón de Dios es renovado, es transformado de gloria en gloria. Lo más grandioso de esto es que el deseo del corazón de Dios no tiene límite, no tiene fin, es eterno. Para siempre estaremos conociendo y contemplando el deseo del corazón de Dios.

¿Quiere saber cuál es el deseo del corazón de Jesús hacia su Iglesia?

Juan lo vio en la isla de Patmos. En su mensaje a la iglesia de Laodicea, Jesús dice:

He aquí, yo estoy a la puerta y llamo; si alguno oye mi voz y abre la puerta, entraré a él, y cenaré con él, y él conmigo. Al que venciere, le daré que se siente conmigo en mi trono, así como yo he vencido, y me he sentado con mi Padre en su trono. El que tiene oído, oiga lo que el Espíritu dice a las iglesias (Apocalipsis 3.20-22).

Isaías oyó la voz de Dios. Al conocer el deseo del corazón de Dios, respondió: «Heme aquí, envíame a mí» (Isaías 6.8).

Un corazón adorador ¿Qué es adoración?

¿Cuándo adoramos a Dios? ¿Será lo que sucede en los cultos o en su cuarto de oración? ¿Significará levantar las manos, cantar coros de adoración, llorar, orar, inclinarse físicamente, cerrar los ojos? Todo esto puede formar parte de la adoración.

Adoración a Dios es el estado del corazón de un hijo o hija de Dios que vive en un continuo arrepentimiento. Es el estado del corazón de un cristiano que acepta la gracia de Dios, que contempla el corazón de Dios, que se rinde a la voluntad del Señor y que le da tiempo a Dios para que ponga su corazón, su imagen, sus intereses y propósitos en nuestro corazón. Si combinamos cierta música con letras que salen de un corazón adorador, la música se transforma en una fuerza poderosa que nos ayuda, nos anima, nos motiva a postrar nuestras vidas frente al Rey Jesucristo.

Hay músicos que cantan porque han nacido con un gran talento vocal, musical y poético. Pero hay músicos que cantan porque han pasado por la experiencia de Isaías o de Juan en las isla de Patmos, se han postrado a los pies de Jesucristo, han crucificado el «yo» y su corazón anhela a Dios. Esto lo proyectan a través de la música y la letra de sus canciones.

La adoración, pues, podemos definirla de cinco maneras.

1. *Adoración es un estado del corazón*

El estado del corazón de un adorador es de continuo arrepentimiento. No de simple remordimiento por alguna falta cometida, sino un cambio de dirección del corazón hacia Dios. El corazón del adorador no se preocupa por lo que dice la mente natural, ni de lo conveniente ni pragmático, sino que está totalmente enfocado hacia la voluntad y los propósitos de Dios.

2. *Adoración es aceptar la gracia de Dios*

El que no entiende el nuevo pacto, la obra completa de Cristo en la cruz, no puede ser un verdadero adorador. No puede haber libertad, confianza, ni firme entrada al trono de la gracia sin la revelación del amor de Dios, del sacrificio de Cristo en nuestro lugar y de la justificación por la fe. No puede haber verdadera adoración cuando se combina la salvación por la fe con la salvación por obras y esfuerzos humanos. No puede haber entrada al trono «a cara descubierta» sin entender el nuevo pacto en la sangre de nuestro Señor Jesucristo. El adorador vive en el nuevo pacto y entiende lo que significa estar cubierto por la sangre del nuevo pacto y obtener limpieza de pecados.

3. *Adoración es contemplar el corazón de Dios*

A los adoradores, Dios les revela su corazón, su voluntad. Muchos usan la Biblia como un látigo. Conocen la Biblia pero no al Dios de la Biblia. No conocen el corazón de Dios. Muchas veces oigo a las personas hablar de Dios, de su carácter y de sus propósitos, pero no parecen referirse al Dios que me abre su corazón en mis momentos de adoración. Algunas veces tengo ganas de gritarles: «¡Ese no es el Dios que conozco! ¡No hablen así de mi Dios!»

4. *Adoración es rendirse al corazón de Dios*

En el lugar de adoración, al contemplar el corazón de Dios, decimos como dijo Isaías: «Heme aquí». Rendirse significa dejar de pelear. No peleamos más con Dios. Él es el Señor y actuaremos según su corazón y su voluntad. Como cristiano, nuestro peor adversario no es el diablo.

Es Dios. Nunca alterquemos con Él, pues siempre gana y usted siempre pierde. Como dice Isaías 45.9: «¡Ay del que pleitea con su Hacedor! ¡El tiesto con los tiestos de la tierra! ¿Dirá el barro al que lo labra: ¿Qué haces?; o tu obra: No tiene manos?»

5. Adoración es la transformación de nuestro corazón

Un corazón adorador es un corazón transformado. El adorador sabe que está perdonado y cubierto. Sabe que el Señor es el que nos hace «aptos» para cumplir con su voluntad. Nos hace aptos al tomar nuestro corazón egoísta, pecaminoso, interesado y corto de vista, para cambiarlo. ¿Cómo lo hace? Exponiendo nuestro corazón al corazón de Él. Revelándonos su carácter, exponiéndonos a su luz, revelándonos su amor. Cuando nuestro corazón tiene un encuentro real con el corazón de Dios, no resiste. Cambia. Es como el celuloide del film para cámaras fotográficas. El film está envuelto en un contenedor sellado. La luz no entra. Cuando se coloca el film dentro de la cámara fotográfica, está en absoluta oscuridad. Pero al disparar el gatillo de la cámara, el lente se abre y permite que la luz entre y ponga su impresión sobre el film.

Así es el corazón de Dios, así es la presencia del Señor. Cuando nos exponemos a su corazón y a su presencia. Él nos sella e imprime su imagen sobre nuestro corazón. Esa imagen es del carácter, la unción y la victoria de Jesucristo el Hijo de Dios. Dios nos transforma de tal manera que llegamos a vivir lo que Juan dijo:

> Es necesario que Él crezca, pero que yo mengüe (Juan 3.30).

Pablo dijo:

> Hasta que Cristo sea formado en vosotros (Gálatas 4.19).

> Con Cristo estoy juntamente crucificado, y ya no vivo yo, mas vive Cristo en mí; y lo que ahora vivo en la carne, lo vivo en la fe del Hijo de Dios, el cual me amó y se entregó a sí mismo por mí (Gálatas 2.20).

Cuando experimentamos esto con solidez, somos renovados a su imagen hasta que nuestro corazón pierde su influencia y el corazón de Cristo domina en nosotros. Esa es la renovación de un adorador.

¿Qué ha sucedido en mi vida desde esa noche cuando hice la decisión de ser un adorador? Esa noche no entendía todo lo que estoy expresando en este capítulo. Esa noche vi un ejemplo vivo, vi a un hombre que sabía adorar al Señor en espíritu y verdad. Vi a un hombre que conocía el corazón de Dios. Su ejemplo me motivó y me estremeció. Vi algo en él que deseaba y que necesitaba. Desde ese día, he estado aprendiendo a conocer a Dios, a contemplarlo y a sacar los ojos de mí y del mundo. He experimentado un gran cambio en mi vida.

Ahora me toca dar el ejemplo para que otros también deseen lo que Dios ha hecho en mí. Por eso le he dicho al Señor: «Heme aquí».

Dios todavía está buscando adoradores que vayan por Él. Para ir en su nombre, hay que conocer su corazón y que este se halle impreso en el nuestro. Para ir, hay que vivir en el perdón, bajo la cobertura de la sangre, libre de las cadenas de acusaciones y culpas. Como dice el escritor de los Hebreos:

> Buena cosa es afirmar el corazón con la gracia, no con viandas, que nunca aprovecharon a los que se han ocupado de ellas (Hebreos 13.9).

8 En comunión con el corazón de Dios

Hay dos aspectos de la vida cristiana que nos preocupan mucho: la evangelización personal y la oración. Desde el púlpito, a través de los libros que leemos y en los mensajes radiales o televisivos nos llegan exhortaciones acerca de nuestro deber de cristianos de testificar y orar más. ¡Los cristianos deben evangelizar a los perdidos! ¡Los creyentes deben orar sin cesar! Pero a pesar de tantas exhortaciones, la gran mayoría de los cristianos no cumplen con estos mandatos y por lo tanto tienen un gran sentimiento de culpabilidad.

En estos últimos dos años he hablado con cientos de personas acerca de sus vidas de oración. Y todos han confesado que:

1. No tienen una vida de oración eficaz.
2. Desean tener una vida de oración disciplinada.
3. Se sienten culpables. Sienten que hay un estorbo en sus corazones que está impidiendo que este deseo se realice.

Me identifico totalmente con ellos, porque yo también me sentía así. Cuando oía testimonios de otros cristianos acerca de las victorias y las experiencias en sus vidas de oración, me sentía muy mal. ¿Por qué? Porque en mi corazón había el deseo poderoso de experimentar lo mismo, pero no lo estaba logrando. Esto me producía una gran frustración.

Siempre me he preocupado por desarrollar una vida de oración disciplinada. Me gustaba leer libros acerca de la oración. Pero muchos de esos libros hablaban del «precio» que hay que pagar en la práctica de la oración, del sacrificio físico, de las horas que hay que pasar en oración para conseguir respuesta. Mientras más leía, más me atemorizaba y menos oraba.

Cuando comencé a trabajar en Radio Visión Cristiana, descubrí que a los líderes, a los voluntarios, a los programadores les gustaba orar. Eso me alegró, porque pensé que me ayudaría a ser constante en la oración. Y así fue. La influencia de estos hermanos y hermanas de oración me ayudaba a orar diariamente por las necesidades de aquel ministerio nuevo, necesitado y pobre en lo económico. Pero seguía sintiéndome culpable. No estaba orando de corazón. Lo hacía porque necesitábamos el socorro de Dios. Me sentía obligado a hacerlo. (¿Ora usted porque necesita algo de Dios? ¿Ora porque la Biblia lo manda y porque cada cristiano tiene que hacerlo? Si esas son sus motivaciones, no se sienta tan mal. Millones de cristianos alrededor del mundo pasan por lo mismo.)

Varios pastores locales asistieron a una conferencia ministerial donde participó un pastor de mucho renombre que había escrito un libro acerca de la oración. Habló del asombroso crecimiento de su iglesia. De un puñado de personas, habían crecido a más de siete mil miembros. Atribuía el crecimiento a la oración, no solo en su vida personal, sino en la vida de la iglesia. Todos los días a las cinco de la mañana, su iglesia se reunía para orar.

Mis amigos ministros volvieron de esa conferencia muy motivados. Varios decidieron seguir el ejemplo y empezaron a abrir sus iglesias todos los días a las cinco de la mañana para orar. El fallecido pastor Miguel Mena, vicepresidente de la Junta de Radio Visión, sugirió que transmitiéramos un culto de oración matutino en vivo por la radio, y empezamos a hacerlo. El pastor Pablo Fernández, también miembro de la junta, me sugirió que produjéramos un anuncio llamando a la audiencia radial a orar a las cinco en punto de la mañana.

Este énfasis en la oración matutina produjo tremendos frutos en la vida de las personas e iglesias participantes. Yo mismo me sentí motivado a levantarme a orar con ellos. Todas las noches, ponía el radio reloj para despertarme a la hora señalada. Me levantaba entonces y oraba en mi hogar con los hermanos que oraban en la iglesia. Mi corazón ardía. Siempre me había gustado que me comprometieran, aunque temía hacerlo solamente por obligación. Pero una noche, debido a un compromiso ministerial, llegué a mi hogar a altas horas de la madrugada. No me pude levantar a las cinco. Cuando me desperté, me sentí culpable.

Desde ese día, me fue muy difícil levantarme a orar a las cinco. Precisamente por esos días comenzábamos las negociaciones para la compra de la emisora. Tuvimos que trasladarnos y remodelar el edificio. Llegaba a casa muy cansado. No podía levantarme tan temprano. Si no me levantaba a las cinco, perdía la oportunidad de orar con los hermanos por la radio.

Era una lástima, porque siempre había estado buscando compañía para orar. Cuando estaba en un grupo, podía orar largas horas. Pero cuando estaba solo, me era difícil concentrarme. Mi vida de oración era una lucha violenta, se componía de una petición: «¡Señor, ayúdame a ser un hombre de oración!» Es decir, mi oración constante era acerca de la oración. Estaba obsesionado.

A lo difícil por lo fácil

No entiendo por qué a muchos que hablan de la oración les place contar del lado difícil y costoso. Cuando nos disponemos a orar, a menudo pensamos en que debemos:

1. Arrodillarnos.
2. Presentar peticiones específicas.
3. Orar con fe.
4. Orar sin cesar.
5. Sentir la presencia de Dios.

6. Oír la voz de Dios.
7. Lograr respuestas.
8. Sufrir, agonizar.

Muchas de estas ideas atemorizan. Si el propósito es animar, no hablemos excesivamente del costo, sino más bien de los beneficios y del deleite de la oración. A veces pienso que cuando se habla del costo personal de la oración, se está tratando de impresionar a los que oyen. No en vano cada vez que alguien daba su grandioso testimonio parecía que me clavaban un cuchillo en lo profundo de mi corazón. En lugar de animarme, me desalentaban.

Dios siempre sabe cómo cambiarnos. No está interesado en causarnos dolor ni sufrimiento. Él nos trata como un buen padre trata a su pequeño hijo. Cuando Dios comenzó a renovarme, no lo hizo a partir de la oración, empezó por el lado agradable: la adoración. Siempre me gustó la música. Siempre me encantó la alabanza. Pero siempre tuve dificultad con la disciplina de la oración. Dios es mi Padre y ha enviado al Espíritu Santo, el Espíritu de gracia, el Consolador, para ejecutar su programa en mí.

Durante esos primeros días de renovación, comencé a entender lo que era verdadera adoración. *La adoración es un constante estado del corazón que contempla la revelación del corazón de Dios. Él se revela, abre su corazón, manifiesta su presencia amorosa a todo aquel que se acerca para conocerle.* En ese lugar de adoración, le contemplamos. En ese lugar de adoración lo conocemos como a nuestro Padre. En ese lugar de adoración vemos su corazón que late por nosotros, por nuestra condición humana. En la adoración conocemos el carácter, la personalidad y los atributos de Dios. En la adoración Él se hace accesible. Allí se cumple la promesa de Juan 14.21: «El que me ama, será amado por mi Padre, y yo le amaré y me manifestaré a él». La palabra «manifestaré» significa «exhibir abiertamente». Jesús nos ofrece revelarse sin reservas.

Un día, Jesús llevó a tres de sus discípulos a un monte. Allí se transfiguró. No se transformó. Solo les mostró la

honra y gloria celestial que nunca había perdido, pero que
por un poco de tiempo había puesto a un lado al tomar
forma humana. Jesucristo, que era a la vez todo hombre
y todo Dios, mostró a aquellos hombres que no era simplemente como lo veían día tras día. Pedro más tarde tes-
tificaría:

> Porque no os hemos dado a conocer el poder y la ve-
> nida del Señor Jesucristo siguiendo fábulas artificiosas,
> sino como habiendo *visto con nuestros propios ojos su*
> *majestad.* Pues cuando Él recibió de Dios Padre honra
> y gloria, le fue enviada desde la magnífica gloria una
> voz que decía: Este es mi Hijo amado, en el cual tengo
> complacencia. Y nosotros oímos esta voz enviada del
> cielo, cuando estábamos con Él en el monte santo (2 Pe-
> dro 1.16-18, cursivas añadidas).

En la adoración, Dios nos permite ver su gloria, su
voluntad y su corazón. Toda esa gloria la vemos en Cristo,
quien se manifestó plenamente en la cruz. Allí Dios mostró su amor. En la cruz reveló su gracia y misericordia
hacia el hombre pecador. En el sacrificio voluntario de su
Hijo, quien se ofreció mediante el Espíritu Eterno, vemos
la plena y total revelación del corazón de Dios.

Si usted no puede comprenderlo, todavía no ha conocido el corazón de Dios, el cual se revela en aquel que se
entregó a sí mismo. El corazón de Dios se manifestó cuando el Hijo de Dios se despojó a sí mismo tomando forma
de esclavo, hecho semejante a los hombres (Filipenses 2.7).
Se revela al sufrir una muerte cruel y dolorosa en manos
de pecadores sin pronunciar una queja. Se demuestra en
el instante cuando el Padre tiene que «abandonar» a su
Hijo herido por nuestra rebeliones. El Espíritu Santo tiene
que fortalecerlo para soportar tan tremenda angustia. Y
finalmente, el puro y santo Hijo de Dios es sepultado y
debe esperar que el Espíritu Santo lo levante de la muerte.
¿Cuál fue la única razón que lo llevó a tal sacrificio? Su
amor por usted y por mí. Jesucristo murió y sufrió para
reconciliarnos con nuestro Padre. Y ahora mora en noso-

tros a través del Espíritu Santo. ¡Qué gran Dios y Padre! ¡Qué profundo e insondable amor! ¡Qué tierno y amante corazón!

En la adoración, Dios nos revela su corazón; y lo único que podemos hacer es contemplarlo, admirarlo, humillarnos en su presencia y reconocer que aunque no somos dignos, somos sus hijos. La adoración nos guía a la oración. En la adoración contemplamos, en la oración entramos en comunión con el corazón de Dios. En la adoración nos maravillamos. En la oración nos acercamos, tocamos el corazón de Dios y su corazón toca el nuestro.

Hacia el latir del corazón de Dios por la adoración

El corazón de Dios es su carácter, su voluntad, sus propósitos. En la oración, mi espíritu se funde con el Espíritu de Dios. Mi voluntad se funde totalmente con la voluntad de Dios. Luego de contemplar el corazón de Dios por medio de la adoración, sale de mí un clamor: «¡Dios, quiero ser como tú! ¡Señor, quiero tener un corazón conforme al tuyo! Señor, tu corazón late por las almas; eres misericordioso y paciente, lento para la ira. Estás dispuesto a correr en mi socorro. ¡Yo quiero ser así! ¡Cámbiame!»

Cuando vemos el corazón de Dios y lo anhelamos, *llegamos a su corazón*.

David era un hombre conforme el corazón de Dios porque anhelaba ser como Él. El deseo de David era ser recto, limpio, puro y santo como Dios. Pero David confesaba: «En maldad he sido formado, y en pecado me concibió mi madre» (Salmo 51.5). Por eso declara: «He aquí, tú amas la verdad en lo íntimo, y en lo secreto me has hecho comprender sabiduría» (v. 6). En sus momentos de adoración, en la intimidad con Dios, en el lugar secreto, David había comprendido la sabiduría de Dios. Por eso ora: «Crea en mí, oh Dios, un corazón limpio, y renueva un espíritu recto dentro de mí» (v. 10).

Dios ama al corazón verdadero, sincero. Un corazón humillado, postrado en adoración, que pide ser renovado, mueve la mano creadora de Dios. La palabra *crear* es un término que se usa exclusivamente en referencia a Dios. En el libro de Génesis, y en relación con la creación de los cielos, la tierra, los animales, el hombre y la mujer, se usa once veces. Implica la formación de algo que no existe. Solamente Dios pudo haber creado los cielos y la tierra de lo inmaterial. Todo lo que Dios creó estaba en Él desde antes de la fundación del tiempo. Cuando llegó el momento perfecto, Dios pronunció la orden creativa y todo se produjo.

Dios también crea un corazón limpio dentro de mí; y cuando se marchita, lo renueva, lo devuelve a la condición de limpieza original. Ese nuevo corazón renovado, victorioso y vibrante está en el corazón de Dios. Cuando lo deseamos, cuando nos confesamos pobres de espíritu, Dios pronuncia una orden y crea en nosotros un corazón renovado conforme al suyo y nos hace participantes de su naturaleza divina. Si hay algo que complace el corazón de Dios, es un corazón que reconoce sus faltas, se humilla frente al Dios de gracia, reclama su posición de hijo, contempla la revelación del amor divino y desea ser transformado.

En la adoración, Dios me muestra su corazón amoroso, me revela su voluntad total, su plan maestro, su gracia. En la oración, Dios me revela su voluntad y su sentir para cada momento de mi vida. Dios desea que conozcamos su voluntad en cada situación. Y lo hace porque conoce nuestras necesidades, nuestras debilidades, nuestro pasado, nuestro presente y nuestro futuro. *Sabe que no podemos sobrevivir sin el conocimiento de su voluntad.* Por eso, en la adoración nos revela antes que todo su voluntad general, su corazón de Padre.

Cuando recibimos la revelación del corazón de Dios para ese momento sucede algo maravilloso. Nace la fe. ¿Qué es la fe? Hebreos 11.1 lo explica:

Es, pues, la fe la certeza de lo que se espera, la convicción de lo que no se ve.

En la oración Dios nos revela su posición en cuanto a las circunstancias que desea darnos a conocer. Cuando discernimos el corazón de Dios acerca de dichas circunstancias, entendemos que Dios ya está actuando. Todo está bajo su absoluto control. Cuando vemos que Él está participando en el asunto, nace la fe. Cuando Dios se encarga de algo, lo único que nos resta es agradecérselo, recibirlo y seguir esperando en Él.

Desde hace mucho tiempo he venido luchando contra algunos estorbos en nuestro ministerio radial. Estos no pueden ser solucionados con decisiones humanas, dinero ni recursos técnicos. Son barreras de orgullo y desconfianza en personas que estorban (solamente pueden estorbar, no pueden echar por tierra) la voluntad de Dios. He tratado de solucionar este problema pero no lo he logrado. He orado, suplicado e intercedido para que Dios nos libere; pero mi oración no ha tenido respuesta. Dios no ha quitado estos obstáculos todavía.

Hace poco, mientras oraba, Dios me mostró su voluntad. En el corazón de Dios esos problemas estaban superados. Cuando vi que Él ya había intervenido en ese problema, la fe nació en mi corazón y creí. La realidad es que todavía no he visto el cumplimiento. Los estorbos todavía existen. Pero ya no me preocupan. Cuando contemplo esos problemas, le doy gracias a Dios porque sé que Él los está quitando. Tengo fe. Y no la tengo porque simplemente haya oído un mensaje inspirador. Tengo fe porque lo leo en la Palabra, lo oigo en la predicación, y al orar lo he discernido en el corazón y en la voluntad de Dios.

Cuando tenemos comunión con Dios, compartimos nuestro ser con Él y Él con nosotros. Este es un intercambio desigual. En esta relación traemos nuestro débil y ansioso ser y lo presentamos como nuestra ofrenda a Dios. Él acepta la ofrenda de nuestro ser y comparte su naturaleza. Dios, a través de su Santo Espíritu, imparte su consolación, poder, amor, gracia, dirección, sabiduría y toda bendición espiritual en lugares celestiales. En la comunión hay un intercambio de vidas. Yo le doy mi vida y Él me da la suya. *Cuando adoramos,* contemplamos la gloria de su naturaleza, revelada por el Espíritu Santo a nuestros corazones. *Cuando oramos,* Dios nos revela su corazón y propósito para con ese momento de nuestra vida. Comparto mi ser, mi tiempo y mi necesidad. Dios comparte su grandeza; su propia vida conmigo. Mi respuesta a Dios es fe. Tengo fe porque Él está compartiendo su vida en la comunión de la oración. Yo no produzco fe. No tengo que manipular mis emociones para sentir fe. No tengo que entrar en un frenesí sicológico para sentir entusiasmo, optimismo, esperanza. La fe es un don de Dios. La fe es un regalo que Dios le da a los adoradores que simplemente comparten con Él en comunión.

Sin comunión, no hay fe.

Sin verdadera oración, no hay fe.

Sin adoración, no hay fe.

Sin la revelación del corazón de Dios, no hay fe.

La fe es mi reacción a tal revelación.

Por eso la fe viene por el oír la Palabra de Dios. En Romanos 10.17, el apóstol Pablo nos dice que la fe viene por el oír la *rhema* de Dios. La palabra *rhema* significa palabra iluminada, escogida para un uso específico. ¿Alguna vez ha leído algún pasaje familiar de la Biblia y encuentra la respuesta a una situación difícil que está atravesando en ese preciso momento? ¿Alguna vez leyó un pasaje que le impactó como si lo hubiera leído por primera vez? Ese pasaje, ese versículo fue iluminado por el Espíritu Santo para que la voluntad de Dios fuera revelada en ese momento.

Este versículo nos enseña que la revelación del corazón de Dios, la manifestación de su voluntad y de su propósito durante momentos de comunión producen fe. ¿Por qué no tenemos fe? ¿Por qué no recibimos el regalo de la fe que nuestro Padre nos quiere dar? Porque no tenemos comunión con Él. No usemos la oración para simplemente hablar, para explicar nuestras necesidades, para pedir. En los primeros días de mi renovación, todo mi tiempo devocional lo pasaba adorando a Dios. Por primera vez estaba conociendo el corazón de Dios íntimamente. Antes, mi conocimiento de Dios era a través de las Escrituras, de los testimonios personales y de otros, de la vida de la iglesia. Pero esta vez la revelación del corazón de Dios era a través de la adoración. Luego de unos días, comencé a notar que después de adorar veinte o treinta minutos sentía un poderoso deseo de orar. Pero la oración no era como la había concebido siempre. No tenía deseos de pedir, no tenía deseos de suplicar. Tenía deseos de comunicarme con Dios. La comunión es una relación entre dos personas. *En la comunión hay diálogo, hay unión.* Una persona no puede unirse a sí misma. En la comunión una persona habla, la otra oye y responde. En mis oraciones yo siempre hablaba. Pensaba que tenía que impresionar a Dios, que debía esforzarme y orar ferviente y ardorosamente. De esta manera le demostraría que era sincero. Ese fervor sería la prueba de que estaba complaciendo a Dios. Por eso me pasaba horas hablando con Él, explicándole mis necesidades como si no las conociera.

Hacia el corazón de Dios por la oración

En la oración hay comunión entre el creyente hijo de Dios y Dios el Padre. En la oración, el creyente se presenta para discernir la voluntad de Dios en cuanto a su vida. En la oración nos presentamos frente a nuestro Padre, quien conoce en detalle todo aspecto pasado, presente y futuro de nuestra vida. También nos presentamos para discernir el corazón de un Padre dispuesto a mostrarnos la dirección perfecta en la situación que más le interesa a Él. ¿Sabe que Dios está más interesado en sus problemas que usted mismo? ¿Sabe que Dios tiene una vía de escape de esa tentación por la que está atravesando? ¿Dónde está esa vía de escape? En el corazón de Dios. ¿Cómo se discierne el corazón de Dios? En la oración. Antes de hablar acerca de cómo debemos orar, quiero hacer algunas aclaraciones. ¿Por qué no oramos?

1. *No oramos porque no entendemos lo que es la oración.* No me gustaba comer atún. No me gustaba olerlo. El problema era que nunca lo había probado. Un día, mi esposa me hizo un emparedado de atún. Lo comí porque ella insistió. Me encantó. Ahora como atún. Es muy bueno para la salud y es delicioso.

Muchos no oran porque creen que la oración es un ejercicio espiritual en el cual se debe sufrir y por el cual hay que pagar un alto precio. Otros no oran porque no conocen a Dios el Padre. Tienen un concepto de un Dios aterrador. Cuando me preguntan en qué Dios creo, contesto que creo en Dios, el Padre de nuestro Señor Jesucristo. Jesucristo nos vino a revelar a Dios el Padre, y los judíos fariseos se escandalizaron cuando Él lo llamó *Abba*, forma que puede ser traducida como «papito». Jesús no lo llamó Jehová de los ejércitos, sino «papá». Jesús nos enseñó a orarle al «Padre que está en los cielos».

Deje de pensar que usted nunca será una persona de oración. Deje de pensar que usted es menos cristiano, menos espiritual, porque está luchando por tener una vida de oración.

2. *No oramos porque en el pasado no hemos recibido respuestas.* Posiblemente ha presentado sus peticiones al Señor con toda la sinceridad de su alma; aparentemente, Dios no oyó su petición y no le contestó. Algunas veces le pedimos a Dios que preserve algunas cosas que nos

ayudan a mantenernos fuertes. Y de repente Dios las elimina. De repente quita de nuestra vida personas, actividades, recursos que a nuestro entender nos ayudaban a mantenernos fuertes en Dios. *Es que Dios contestó la petición.* Apartó lo que creíamos que nos fortalecía, pero que sabía que no nos eran de beneficio.

Cuando Dios guarda silencio Muchas veces Dios se queda callado, no habla, no se manifiesta. Cuando esto ocurre, puede haber dos razones:

1. Nuestras oraciones son incorrectas.

2. Nuestra oración abarca tanto que no captamos todo lo que representa y Dios se tomará tiempo para contestarla. La voluntad de Dios no es simplemente contestar nuestra oración, también es que aprendamos a discernir su corazón.

La oración no es para conseguir algo de Dios. La oración es para tener perfecta comunión con Él. La oración es para ser uno con Él. No somos clientes de Dios. En la oración no vamos a comprar algo que se paga con sacrificio, con insistencia, con devoción. Somos sus hijos. Él es nuestro Padre. No nos oye por nuestra devoción, sino porque somos hijos redimidos por la sangre de Cristo Jesús.

Si vamos al lugar de oración solo para pedir, somos como una novia caprichosa que en el altar presenta a su novio una lista de condiciones. ¿Qué le parecería si una novia comenzara a presentarle al novio, frente al ministro, frente a la congregación y frente a los invitados, sus condiciones para darle el sí? Está dispuesta a casarse siempre y cuando su novio se comprometa a proporcionarle una casa cómoda, dinero, un buen automóvil, seguridad económica para el resto de su vida, mucha felicidad y total salud. Muchos creyentes se presentan al Señor en oración con una lista de compras. Señor, dame esto, aquello y lo de más allá. Si me das esto, me sentiré bien, oraré más y te serviré. Tengamos el concepto correcto:

- No oramos para sentir la presencia del Señor.

- No oramos para recibir respuesta de Él.

- No oramos para recibir experiencias espirituales.

- No oramos para recibir paz.

- No oramos para explicarle nuestros problemas.

Oramos para ser uno con Dios, para que Él nos muestre su voluntad. No oramos para detallarle nuestros dolores y conflictos, sino para que Él nos explique su voluntad en nuestros dolores y conflictos. Oramos para que Él nos muestre su voluntad en nuestras diarias tentaciones. «Deléitate asimismo en Jehová, y Él te concederá las peticiones de tu corazón», dice el Salmo 37.4. Yo lo entendía de la siguiente manera: si me deleito en Jehová, todos los deseos que se aniden en mi corazón serán concedidos. Dios se deleitará tanto en mí que me dará todo lo que le pida. ¡No! Eso no es lo que dice este versículo. El salmista está diciendo lo siguiente:

1. *Deléitate en Jehová*. La palabra *deléitate* significa ser moldeable, suave y flexible. El salmista nos exhorta a estar dispuestos a ser moldeados por Dios.

2. *Él te concederá*. Si permito que Dios me moldee, me dará algo. La palabra *dar* encierra también la idea de «producir». En la vida que es moldeada, Dios produce frutos.

3. *Los deseos de tu corazón*. En la vida que está siendo moldeada, Dios produce el fruto de ciertos deseos. Esos deseos los produce Dios y están en conformidad con su voluntad. La palabra *deseo* implica petición, pedido.

Este famoso versículo nos dice que si nos deleitamos en Jehová, Él producirá peticiones en nuestro corazón. Nuestras peticiones son egoístas, humanas y cortas de vista. Las peticiones de nuestro Sumo Sacerdote, que intercede continuamente por nosotros, son perfectas y conformes a la voluntad del Padre. El que se deja moldear por Dios tendrá deseos divinos, peticiones celestiales, oraciones y deseos que reflejan la voluntad y el deseo de Dios. Cuando adoramos, contemplamos el corazón de Dios.

Cuando oramos, nos ponemos en las manos de Dios para que Él nos moldee según su voluntad. Cuando Él nos moldea, pone en nosotros sus peticiones. Todos las peticiones de Dios son cumplidas. Cuando Él pone deseos y peticiones en nuestro corazón, esa oración es contestada. Una mañana, mientras estaba adorando al Señor en el programa radial, sentí un impulso profundo del Espíritu. En mi corazón oí muy claramente una voz que me decía: «¡Pide ahora!» Recuerdo que saqué mi cartera, la puse sobre la mesa de trasmisión y dije: «Señor, en este momento tú me estás mandando a pedir. Estás poniendo esta petición dentro de mí. No tenía planeado hacerlo. Señor, aquí están mis necesidades financieras. Súpleme. Gracias. Amén».

¡Cuánto tiempo había orado por mis necesidades! Muchas veces me parecía que cuanto más pedía, más triste y preocupado quedaba. Hay una gran diferencia cuando Dios pone en mi corazón la petición de orar por algo en específico. En ese momento, Dios me revela su voluntad, su corazón, en cuanto a alguna determinada circunstancia. Cuando Él me revela su voluntad, pone su petición en mí y me da fe para pedir porque ya está hecho. Cuando lo veo hecho en el corazón de Dios, es porque será hecho en la tierra. Cuando Dios pone una petición celestial en mi corazón, es porque será hecho en la tierra. No tengo vergüenza en decirle que todavía estoy esperando que mis necesidades financieras sean solucionadas. Pero sé una cosa con fe absoluta. Dios puso en mí su petición. Su petición fue puesta en mi corazón. Él produjo en mí la fe para pedir algo que ya estaba hecho en los cielos, en su voluntad. La Palabra me dice que si pido de acuerdo a su voluntad, a su corazón, a sus deseos, todo lo que pida en su nombre «está hecho».

Y esta es la confianza que tenemos en Él, que si pedimos alguna cosa conforme a su voluntad, Él nos oye. Y si sabemos que Él nos oye en cualquiera cosa que pidamos, sabemos que tenemos las peticiones que le hayamos hecho (1 Juan 5.14-15).

Cuando oramos, conocemos la voluntad de Dios en cuanto a las circunstancias que afectan nuestras vidas. Él no esconde su voluntad, sino que la revela a los que se deleitan en el Señor. Cuando vemos que nuestros problemas tienen solución en la voluntad de Dios, caminamos por fe porque ya está hecho. Estos principios son muy claros en la enseñanza de Jesús acerca de la oración. En el capítulo 5 del Evangelio según Mateo, la Biblia enseña la relación que existe entre la Ley de Moisés y la Ley de Cristo. Jesús usa la expresión «oísteis que fue dicho» en referencia a la Ley Mosaica, y la expresión «pero yo os digo» en referencia a la Ley de Cristo. En este pasaje, habla de homicidio (v. 21), adulterio (v. 27), divorcio (v. 31), juramentos (v. 33), venganza (v. 38) y amor (v. 43). Jesús culmina esta parte de su enseñanza diciendo:

Sed, pues, vosotros perfectos, como vuestro Padre que está en los cielos es perfecto (Mateo 5.48).

La única manera de ser perfectos como el Padre es cumplir la Ley de Cristo. No se puede ser perfecto cumpliendo con la Ley de Moisés.

En Lucas 11.1 los discípulos le dicen a Jesús:

«Señor, enséñanos a orar como Juan a sus discípulos» ¿Cómo oraba Juan? ¿Qué había enseñado acerca de la oración? Juan el Bautista era un profeta del antiguo pacto, regido por la Ley de Moisés. Como buen judío, oraba tres veces al día repitiendo las oraciones hebreas mecánicamente. Pero Jesús contesta: «Cuando oréis, decid...» (Lucas 11.2). Jesús les dio una nueva revelación. En el capítulo 6 de Mateo, Jesús habla de dos actividades que debemos hacer en secreto: dar a los necesitados y orar. Enseña que el Padre recompensa estas dos actividades cuando se hacen en secreto, de acuerdo a la Ley de Cristo. Y a todo esto añade:

Vuestro Padre sabe de qué cosa tenéis necesidad, antes que vosotros le pidáis (Mateo 6.8).

Jesús nos dice que le pidamos al Padre. Nosotros entendemos que pedir es presentar una petición basada en una necesidad. Pero el «pedir» al que se refiere Jesús es como el de un ciudadano que pide protección de su gobierno, o el de un hijo que pide comer en la mesa de sus padres, o el de una persona que reclama un producto o un servicio que ya ha sido pagado. Podemos pedirlo y demandarlo porque ya es nuestro, está a nuestra disposición. Cuando oramos, pedimos algo que ya es nuestro. No mendigamos, ni suplicamos a ver si por si acaso Dios nos tiene lástima y nos contesta. Cuando oramos, invocamos al «Padre nuestro» como nos lo enseñó Jesús (Mateo 6.9). Él es nuestro Padre y nosotros somos sus hijos. El privilegio de ser hijos no lo obtuvimos nosotros. Ese hermoso privilegio lo obtuvo Jesús para nosotros a través de su vida, muerte y resurrección. Por eso nos enseña que Dios es nuestro Padre que está en los cielos. ¿Qué significa eso? Dios no opera según las limitaciones de la tierra. Él está en los cielos y es Señor absoluto de ese lugar. Efesios 1.3 dice:

Bendito sea el Dios y Padre de nuestro Señor Jesucristo, que nos bendijo con toda bendición espiritual en los lugares celestiales en Cristo.

En los cielos no hay límites, no hay obstáculos. Fíjese bien que nuestro Padre que está en los cielos tiene «toda la bendición espiritual» a nuestra disposición. ¿Dónde están esas bendiciones? En lugares celestiales, en los cielos, en Cristo. Nuestro Padre es el único que nos puede bendecir. Él es el único a quien hemos de buscar. A Él solamente hemos de orar. A Él solamente hemos de pedir. ¿Qué pedimos? ¿Qué pedimos sabiendo que está ya provisto? Jesús sugirió que pidamos tres cosas:

1. *Santificado sea tu nombre* (v. 9). El nombre de Dios debe ser santificado en nuestra vida. ¿Cómo se santifica el nombre de Dios? Él se santifica cuando honramos su santo y digno nombre en nuestra vida, en nuestras familias, en nuestros trabajos, en nuestros planes, en nuestro comportamiento, en nuestros pensamientos secretos, en lo privado. Dios es honrado cuando todo aspecto de nuestra vida refleja su pureza y santidad. Por eso, luego de adorar a nuestro santo Padre en los cielos, deseamos ser como Él. El primer gemido que brota del corazón que está contemplando al Padre es: «Todo lo que tengo, todo lo que soy, necesita ser purificado, necesita ser cambiado a tu imagen, según tu voluntad».

2. *Venga tu reino* (v. 10). La Palabra de Dios dice:

Pero si yo por el Espíritu de Dios echo fuera los demonios, ciertamente ha llegado a vosotros el reino de Dios (Mateo 12.28).

Habiendo reunido a sus doce discípulos, les dio poder y autoridad sobre todos los demonios, y para sanar enfermedades. Y los envió a predicar el reino de Dios, y a sanar a los enfermos (Lucas 9.1-2).

Porque el reino de Dios no es comida ni bebida, sino justicia, paz y gozo en el Espíritu Santo (Romanos 14.17).

Porque el reino de Dios no consiste en palabras, sino en poder (1 Corintios 4.20).

Ni dirán: Helo aquí, o helo allí; porque he aquí el reino de Dios está entre vosotros (Lucas 17.21).

El reino de Dios viene sobre mí cuando el Espíritu Santo me imparte la justicia de Cristo por gracia, cuando me da gozo y paz, y cuando manifiesta sus dones de sanidad en mi cuerpo. El reino de Dios viene sobre mi vida cuando toda fuerza demoníaca es atada y echada fuera, y cuando el poder de Dios se manifiesta derribando las fortalezas diabólicas y carnales. El reino de Dios viene cuando Jesucristo demuestra que Él es el mismo ayer, hoy y por los siglos.

Luego de contemplar que el Padre desea darnos toda bendición espiritual en lugares celestiales, nuestro corazón responde:

«Señor, que todo en mi vida te honre. Señor, que todo lo que soy y todo lo que hago dignifique tu santo y glorioso nombre».

«Señor, hay cosas que no te honran en mi vida. Venga tu reino de poder, salud y autoridad sobre todo lo que no te honra, sobre todo lo que no santifica tu nombre».

3. *Hágase tu voluntad, como en el cielo, así también en la tierra* (Mateo 6.10). Aquí está el secreto. Todo lo que vemos en el corazón de Dios, en el corazón del Padre que está en los cielos, está hecho. Todo lo que sucede en el corazón celestial del Padre está consumado, realizado. En el reino de Dios, todo sucede en los cielos primeramente y luego se manifiesta en la tierra. Aquí está el verdadero significado de la oración. En la oración, el creyente discierne el corazón de Dios y se asegura que en el tiempo de Dios será manifestado visualmente.

Por eso, repito, la oración no es simplemente para que Dios se «mueva» o para que nuestras peticiones sean concedidas. Dios puede contestar su oración sin que usted vea resultados tangibles. En la oración, la respuesta la captamos por la fe. No hay otra opción. Sabemos que Dios ha contestado nuestra oración porque hemos visto y discernido su corazón. Hay una gran diferencia entre simplemente creer por que sí y creer porque hemos estado en comunión con el corazón de Dios y hemos visto la respuesta.

Cuando entramos en una relación más personal con el corazón de Dios, vemos que Él se preocupa de las tres necesidades humanas básicas:

- el pan de cada día

- el perdón de nuestros pecados

- las tentaciones y el mal que nos rodean

Desde el primer grado hasta que me gradué de la universidad, mis padres se ocuparon de mi educación y mi salud. Para los buenos padres es sumamente importante que sus hijos tengan salud física y una carrera que les permita enfrentar los desafíos de la vida. Si mi padre terrenal se ocupó de mí, si mi madre se ocupó en alimentarme con lo mejor y más saludable, cuánto más nuestro Padre celestial. Fíjese bien que Jesús no nos manda a pedir pan. Simplemente nos manda a declarar ante el Padre que el pan de cada día proviene de Él. Cuando presentamos nuestras peticiones al Padre, no rogamos como huérfanos. Sabemos que en su voluntad tenemos pan hasta el último día de nuestra vida en esta tierra. No nos preocupamos del pan de mañana porque ya está provisto. En la oración de hijo a Padre lo que hacemos es expresar confianza, esperanza, paciencia y fe en nuestro proveedor. No recibimos el pan por nuestro sacrificio, por nuestra devoción ni por las horas que pasamos en su presencia. Lo recibimos porque Él es nuestro Padre.

Lo mismo ocurre con el perdón de nuestros pecados. El Señor no nos mandó pedir ser perdonados. Jesús sabía que nuestros pecados iban a ser pagados en la cruz. Como nuestra deuda está pagada, no pedimos que sea pagada de nuevo. Después de todo, ni las súplicas, ni los sacrificios ni las penitencias nos producen el perdón. Simplemente confesamos nuestros pecados y Él nos limpia de todos nuestros pecados pasados, presentes y futuros. En esta oración nos apropiamos del perdón que en su corazón Dios ya nos ha concedido.

Y lo mismo ocurre con la protección de las tentaciones. Jesús nos manda a esperar que nuestro Padre no nos meterá ni guiará a ninguna tentación. Esta no es petición ni ruego. Nuestro Padre nunca nos guía hacia el mal. Satanás sí, pero nuestro Padre no. Dios tiene preparado caminos de bien, de bendición y de gracia.

Oí la historia de un pobre agricultor del estado de Texas. Había vivido una vida de sacrificios. Trabajó la tierra hasta muy avanzada edad. Nunca pudo triunfar en lo económico. Toda la vida vivió en una choza sin agua corriente, sin electricidad y sin comodidades modernas. Antes de morir recibió la visita de un empresario. Aquel hombre le informó que a pesar de que había sido muy pobre, era muy rico. La tierra que nunca le había dado fruto era un gigantesco depósito de petróleo. Era millonario y no lo sabía. Debajo de sus pies había un tesoro petrolero inmenso. Nunca fue pobre. Era rico, pero no lo sabía.

Propósitos escondidos de Dios   Jesús
culmina la oración modelo con una alabanza:

> Porque tuyo es el reino y el poder y la gloria por todos los siglos. Amén (Mateo 6.13).

El final de toda oración debe ser una alabanza. El creyente que ha contemplado el corazón del Padre ha discernido sus propósitos, se ha apropiado por la fe de la bendición espiritual conforme al corazón del Padre y termina regocijándose. La razón de nuestro gozo, a pesar de que todavía no hemos recibido la manifestación de la bendición, está basada en que nuestro Padre es el dueño del reino y tiene todo poder y gloria sin límites por siempre. ¡Aleluya!

Entonces, ¿cómo debemos orar? Sabiendo que en el corazón del Padre nuestro pan, nuestro perdón y nuestra protección están asegurados, debemos orar, no mendigando, sino sabiendo que en el corazón del Padre que está en los cielos hay bendiciones espirituales y materiales ya provistas y pagadas.

Siempre creí que Dios deseaba que pasáramos horas de rodillas suplicándole alguna bendición. Ahora entiendo que mi Padre no lo espera. Ahora entiendo que lo que desea es tener comunión conmigo para que lo conozca, para que entienda su voluntad. Al tener comunión con nuestro Padre, Él nos revela sus deseos y propósitos en cuanto a nuestra vida, propósitos que están escondidos en su corazón. Y cuando Dios nos lo revela, somos renovados. Entonces nos sucederá lo mismo que le ocurrió al apóstol Pedro.

Mateo nos cuenta que Jesús se acercó a sus discípulos y les preguntó:

¿Quién dicen los hombres que es el Hijo del Hombre? Ellos dijeron: Unos, Juan el Bautista; otros, Elías; y otros, Jeremías, o alguno de los profetas. Él les dijo: Y vosotros, ¿quién decís que soy yo? Respondiendo Simón Pedro, dijo: Tú eres el Cristo, el Hijo del Dios viviente. Entonces le respondió Jesús: Bienaventurado eres, Simón, hijo de Jonás, porque no te lo reveló carne ni sangre, sino mi Padre que está en los cielos. Y yo también te digo, que tú eres Pedro (Mateo 16.13-18).

Simón, hijo de Jonás, quería conocer al Mesías. Era un hombre determinado y violento. Había sido miembro de un grupo llamado los zelotes. Pero cuando el Padre le reveló su corazón, Simón vio a Jesús, al Cristo. Cuando recibió esta revelación, su vida cambió. De Simón, el zelote judío, se transformó en Pedro, la pequeña piedra. Cuando el Padre nos revela su corazón y sus propósitos, cambiamos, Él nos cambia. Entonces no dudamos, no titubeamos. Estamos firmes porque conocemos la voluntad del Padre.

Momentos con Dios
Es necesario desarrollar una vida de oración. Entréguele tiempo al Señor. El elemento más importante que le ofrecemos en la oración es el tiempo. ¿Alguna vez vio cómo se colocan los cimientos de una casa? En primer lugar, se toman las medidas. Se ponen estacas en el terreno que determinan el tamaño de los cimientos. Luego se excava la tierra y se rellena de

cemento. Cuanto más profunda sea la excavación, más cemento se necesita. Cuanto más cemento, más fuerte son los cimientos.

En la oración, nosotros excavamos para hacer los cimientos de manera que Dios venga y los llene con su revelación. Los cimientos son tiempo, minutos y horas que le entregamos a nuestro Padre para que Él nos revele y nos transforme. A menor tiempo, menos revelación.

¿Qué hacemos luego de separar el tiempo necesario para orar, para tener comunión con nuestro Padre? Adoramos. Contemplamos. Cantamos. Nos humillamos. Esperamos. Luego, esperamos un poco más. No permanecemos inactivos, sino que adoramos, cantamos, levantamos las manos, confesamos nuestras faltas y nuestro anhelo de ser como Jesús. Durante esos momentos de espera, el Espíritu Santo interviene.

El Espíritu Santo nos vivifica en esos momentos de espera. Así lo afirma la Biblia:

Vida nos darás, e invocaremos tu nombre. ¡Oh Jehová, Dios de los ejércitos, restáuranos! Haz resplandecer tu rostro, y seremos salvos (Salmo 80.18-19).

Porque así dijo el Alto y Sublime, el que habita la eternidad, y cuyo nombre es el Santo: Yo habito en la altura y la santidad, y con el quebrantado y humilde de espíritu, para hacer vivir el espíritu de los humildes, y para vivificar el corazón de los quebrantados (Isaías 57.15).

Y si el Espíritu de aquel que levantó de los muertos a Jesús mora en vosotros, el que levantó de los muertos a Cristo Jesús vivificará también vuestros cuerpos mortales por su Espíritu que mora en vosotros (Romanos 8.11).

En esos momentos cuando lo único que podemos hacer es declarar nuestro quebrantamiento, nuestra incapacidad frente al Padre, el Espíritu sopla con una ráfaga de vida. Según Pablo, ¿qué hace el Espíritu?

Y de igual manera el Espíritu nos ayuda en nuestra debilidad; pues qué hemos de pedir como conviene, no lo sabemos, pero el Espíritu mismo intercede por nosotros con gemidos indecibles. Mas el que escudriña los corazones sabe cuál es la intención del Espíritu, porque conforme a la voluntad de Dios intercede por los santos. Y sabemos que a los que aman a Dios todas las cosas les ayudan a bien, esto es, a los que conforme a su propósito son llamados (Romanos 8.26-28).

La Biblia enseña que Jesucristo es nuestro Sumo Sacerdote. Él es nuestro intercesor. En todo momento está intercediendo por nosotros. Y lo maravilloso es que Él es el único que sabe orar correctamente por nosotros, pues conoce todo aquello que en realidad necesitamos. No sé lo que está orando al Padre en mi favor, pero el Espíritu Santo sí lo sabe. Cuando nos vivifica, el Espíritu Santo nos revela la oración intercesora de Cristo y la palabra iluminada para ese momento y situación específica.

Jesús dijo:

Escrito está: No sólo de pan vivirá el hombre, sino de toda palabra [*rhema*] que sale de la boca de Dios (Mateo 4.4).

Esa palabra [*rhema*] es palabra iluminada, vivificada para un momento o una situación específica. Es palabra iluminada de vida. Captarla no es simplemente leer la Biblia. Es saber que un pasaje bíblico es el mensaje de Dios en ese momento dado. Es saber que Jesús está orando esa misma oración en los cielos.

El Espíritu Santo es el que nos lo revela. Cuando lo hace, nace la oración en el Espíritu. Nos unimos al corazón de Jesús, tenemos comunión con el Padre, oramos lo mismo que nuestro Sumo Sacerdote ora y nuestra oración halla respuesta. El Padre siempre concede las peticiones de su Hijo a nuestro favor.

Por tanto, es preferible que cante y adore al Señor hasta que el Espíritu Santo lo vivifique. Espere. A menudo hablamos tanto al orar que el Espíritu nos quiere vivificar y no puede. Recuerde: la oración todopoderosa es la inspirada por el Espíritu Santo. La oración es todopoderosa cuando el Espíritu Santo nos revela la oración intercesora de Jesús a nuestro favor. Jesús es todopoderoso.

Antes de concluir, deseo hablar de algunas experiencias que he tenido. Cuando no hemos desarrollado una verdadera comunión en la oración, básicamente estamos orándonos a nosotros mismos. Cuando no hay relación, se ora por la necesidad, por el aprieto, por el deber. Cuando no hay intimidad, se ora para aliviar la culpa. Cuando no hay unidad de corazón, se ora para recibir alguna bendición, alguna experiencia. La oración es mecánica. No hay adoración. No conocemos el corazón de Dios. No tenemos tiempo para esperar. No tenemos ni la paciencia ni el tiempo para esperar por el impulso del Espíritu Santo.

Esa es una posición sumamente peligrosa. Así no recibiremos la vivificación del Espíritu sino «imaginaciones». Nos imaginaremos que Dios nos está hablando. Nos imaginaremos que estamos recibiendo dirección del cielo. Nuestra mente es muy capaz de engañarnos. Conozco a personas que han oído voces que se han identificado como «Jehová de los ejércitos». Son voces que suenan muy religiosas y muy bíblicas, pero no vienen de Dios. Muchos son engañados pensando que Dios está hablando. El problema es que el que no tiene diaria comunión con el Padre, será víctima de imaginaciones y visiones falsas. Por eso hay tantos que corren hacia campañas, conciertos, cultos, conferencias, buscando la dirección de Dios a través de hombres y mujeres que al parecer oyen la voz de Dios. Jesús dijo:

Y orando, no uséis vanas repeticiones, como los gentiles, que piensan que por su palabrería serán oídos.

La palabra vana equivale a «vacía». Jesús dijo que la repetición de palabras es vacía. En aquellos tiempos, los judíos criticaban a los gentiles por esto. Pero hoy oigo muchas vanas repeticiones en nuestras iglesias, en oraciones que simplemente son expresiones aprendidas que repetimos automáticamente. ¿Cuál es la oración de Jesús en el cielo? Esa debe ser nuestra oración. Juan 17 presenta siete peticiones de Jesús a favor nuestro:

1. *Que el Padre sea glorificado en la glorificación del Hijo Jesús* (v. 1).

Mi oración: Padre, glorifica a Jesús el Salvador en mi familia; salva a mis seres queridos. Glorifícate, glorificando a Jesús el sanador, el proveedor, el libertador, el Ungido de Dios.

2. *Por la restauración de la gloria eterna del Hijo* (v. 5).

Mi oración: Señor Jesús, nada de esta tierra se compara con tu gloria. Mi mirada está fija en la gloria que un día tendrás. Satanás, sus ángeles y todos los reinos de esta tierra tienen gloria pasajera.

3. *Por la protección de los creyentes del mundo* (v. 11) *y del mal* (v. 15).

Mi oración: Señor, en este momento estás orando por mi protección y seguridad. No tengo temor porque todo lo que le pides al Padre es concedido.

4. *Por la santificación de los creyentes en la Palabra, en la verdad* (v. 17).

Mi oración: Señor, tu Palabra no es para escudriñarse por obligación. Hoy leo y estudio tu Palabra porque es verdad y esa verdad me santifica.

5. *Por la unidad espiritual de los creyentes* (v. 21).

Mi oración: Señor, haznos uno. Como tú y el Padre son uno, hazme uno con mis hermanos y hermanas aunque sean diferentes, de otra raza o nacionalidad.

6. *Que el mundo crea en Jesús* (v. 21).

Mi oración: Señor, no oro que la iglesia crezca. Oro que todos crean en ti. Tú eres el Salvador del mundo.

7. *Que los creyentes puedan estar con Cristo, compartiendo su gloria* (v. 24).

Mi oración: Señor, ven pronto. Te espero. Nada en esta tierra me interesa. Gracias porque has preparado un lugar para mí. Gracias porque has creado un paraíso para mí.

9 La alabanza que prevalece

Cuando una persona vuelve su corazón a Dios sin pactar con la mente natural, experimenta resistencia. Lo natural, lo humano, lo carnal siempre se opondrá a la obra del Espíritu Santo. La Biblia nos lo advierte. Los verdaderos adoradores incomodan a muchas personas. Son muy transparentes, directos y no son buenos políticos. Su único compromiso es con el latido del corazón de Dios. No todos los que adoran tienen ese mismo compromiso. Un gran número de cristianos no conocen el corazón de Dios y se dejan guiar por lo que dice la mayoría, por las tradiciones y por lo que parece conveniente. Cuando un verdadero adorador comienza a hablar, no lo entienden y se resisten. Esto siempre ha sucedido y seguirá sucediendo aunque se muestre con diversos rostros.

Desde el primer día, Dios comenzó a renovar a los empleados en la emisora. La programación cambió. La música cambió. El estilo de ministración cambió. Y Dios no se detuvo allí. Los radioescuchas comenzaron a experimentar lo mismo. Muchas veces me sucedía que estando solo en el estudio de radio, adorando al Señor en vivo, el Espíritu Santo me hablaba, me tocaba, me redargüía, me consolaba. Pero aun lo más hermoso fue que en ese mismo momento que estaba obrando en mí, lo hacía también en miles y miles de personas que estaban en sintonía.

Muchas personas, líderes, laicos, amigos y compañeros no supieron entender. Debido a los testimonios que llegaban diariamente, a los que salían al aire y los que testificaban en sus iglesias, mi nombre comenzó a resonar.

Aquellos que no comprendían lo que estaba sucediendo me acusaron de que quería levantarme como un profeta sobre la ciudad, de proyectar mi propio ministerio, de buscar fama y renombre. Otros dijeron que empleaba determinado tipo de música en la adoración y en la alabanza porque tenía intereses financieros en la promoción de dicha música. Me acusaron de tratar de introducir música ajena a las culturas caribeñas, dado que la mayoría de la música de adoración y alabanza tiene melodías hebreas y anglosajonas traducidas del inglés. Además, la mayoría de los músicos de esta línea son oriundos de Centroamérica y México.

Cuando estas acusaciones infundadas no produjeron resultado, comenzaron las más refinadas. Seguía hablando del corazón del adorador, de la gracia, del nuevo pacto, del enfoque de nuestra mirada. No hablaba de doctrinas ni de costumbres denominacionales. La siguiente acusación fue que no estaba enseñando a la gente a purificarse exteriormente. Solamente hablaba de la pureza interior. Por eso me acusaron de «mundano» y «liberal».

A los seis meses, comenzamos a tener cultos de alabanza y adoración organizados por Radio Visión. Probablemente nuestras reuniones son diferentes a otras. Hacemos cultos a Jesús y hemos determinado que todo lo que se hace debe dirigirse a Él. Por eso no hacemos presentaciones de personajes que participan en el programa. Simplemente preparamos un programa ordenado y lo sometemos a la voluntad del Espíritu Santo.

Para seguir las recomendaciones de la Biblia en el Salmo 100.4, comenzamos toda celebración con música alegre, haciendo alardes de nuestro Dios. Entramos a su presencia con agradecimiento. Estos son momentos de alegría, de euforia. Tenemos razones para alegrarnos. Nuestro Dios es un Dios vivo y es nuestro Padre. Él ha provisto un Salvador y su nombre es Jesús. Nuestro Padre nos ha enviado un Consolador, el Espíritu Santo, quien no habita en edificios, sino en nuestro ser. Somos aceptos en el Amado, Cristo Jesús. Aunque sabemos que en esta tierra pasamos por aflicciones, también sabemos que tenemos preciosas promesas en las que podemos confiar plenamente. Durante la alabanza, el Espíritu Santo hace sentir su presencia. Se manifiesta en toda vida que glorifica y exalta al Hijo de Dios, Jesucristo. Con ese propósito fue enviado. Cuando la presencia del Espíritu se hace real, generalmente no se produce un ambiente de gozo. El Espíritu empieza a hablar, a redargüir y a consolar. Ese es el momento de adorar, de arrepentirse, de rendirse. La música cambia. El ambiente cambia. Entramos en la adoración al rendir nuestro corazón a Dios para que Él haga lo que quiera. Después predicamos la Palabra y concluimos regresando a la adoración.

Estos son los momentos cruciales. La gente ha sido confrontada con la Palabra de Dios y es hora de tomar una decisión. Si se lanza un desafío inmediatamente después del mensaje, muchos responden emocionalmente. Pero si se les da unos minutos para que mediten, toman decisiones sabias. Después de un tiempo de adoración no hay que insistir mucho: las almas se rinden a los pies de Cristo y reciben liberación inmediata.

En el primer culto hubo una asistencia de más de dos mil personas y cientos quedaron afuera. Desde entonces, una vez al mes hacemos concentraciones de alabanza y adoración a nuestro Señor. Miles de personas llenan los auditorios más grandes de la ciudad para adorar y alabar al Señor unidos. Los resultados son maravillosos. Miles han entregado sus vidas al Señor Jesús. Otras tantas han sido renovadas en su vida espiritual. Asimismo sorprendentes milagros ha realizado el Espíritu Santo en muchas de ellas.

La última acusación recibida fue que estábamos tratando de imponer un nuevo sistema de cultos. Decían que intentábamos cambiar los cultos tradicionales por un nuevo programa con nuevas técnicas. Sinceramente no sé a qué nuevo sistema se refieren porque simplemente vamos a esas reuniones a adorar y a exaltar a Jesucristo, el Señor. No comprendía las críticas. Los inconversos eran salvos. Los descarriados volvían a las iglesias por montones. Los enfermos eran sanados. Los creyentes experimentaban una renovación espiritual. Los oprimidos eran liberados. ¿Por qué tanta crítica? ¿Por qué tanta desconfianza? Dios me respondió con claridad: ¡Necesitaba aprender a alabar a Dios! Esto no lo entendí. Vengo de un trasfondo pentecostal. Si hay una iglesia que dice saber alabar es la pentecostal. Pensaba que sabía alabar a Dios hasta que me enfrenté a la oposición. Entonces entendí cuál es la verdadera alabanza.

La alabanza ha sido una parte muy importante en la liturgia de la iglesia cristiana. Los evangélicos han entendido la alabanza como una actividad que trae gozo y alegría a nuestras congregaciones. En miles de iglesias alrededor del mundo y en cientos de actividades cristianas, se exhorta a la congregación a alabar a Dios. Desde el púlpito se ordena levantar las manos, declarar las grandezas y maravillas de Dios, cantar en voz alta, gritar, brincar, remolinear, sonreír y un sinnúmero de otras acciones físicas y verbales que en conjunto denominan «alabanza». Cuanto más se grita, más se canta y menos silencio hay, más intensa es la alabanza. El fin de todas esas acciones denominadas alabanza es producir «gozo» o «alegría» en la congregación.

Es lógico que se procure. ¿Quién no tiene dificultades en la vida? ¿Quién no está pasando por necesidades, conflictos, aprietos e incertidumbres? Cuando asistimos a una reunión cristiana, vamos con cargas espirituales, físicas, familiares, financieras. Al contemplar la grandeza y majestad de nuestro Señor, ponderamos nuestra situación miserable y nos trabamos en las palabras de Pablo a los Romanos: «Miserable de mí, ¿quién me librará de este cuerpo de muerte?» (Romanos 7.24). Sí, nos trabamos, nos quedamos paralizados en nuestra miseria. Para colmo, el acusador, Satanás el diablo, nos ayuda y pone sobre nuestras conciencias su «lupa», su «lente de aumento», y hace nuestra miseria más pronunciada. Así entramos a un culto, así muchas veces comenzamos nuestro día en oración, así nos sentimos cuando pensamos en las cosas de Dios. Encima de esta situación, pareciera que hay una mentalidad muy secular en nuestros cultos. Hay presión sobre los ministros, sobre los líderes, que anhelan ser aceptados y admirados por la congregación. Los líderes sienten la tremenda presión de «producir» cultos donde todos reciban «bendición» y todos se «gocen». Esta presión, repito, viene de la gente que juzga a sus líderes por los cultos que dirigen. Pareciera que muchos tienen un termómetro de la espiritualidad en las reuniones.

En nuestra vida privada devocional, nos echamos también la responsabilidad de experimentar alegría, euforia o bienestar todas las veces que oramos, leemos la Biblia y testificamos a otros de Cristo. Estamos obsesionados con sentirnos bien. Estamos obsesionados con los resultados. Queremos ser sacudidos todas las veces que nos comprometemos en alguna actividad espiritual.

Yo estaba atado a eso. Toda mi vida creí que cuando se alababa había que celebrar, que hacer fiesta, que demostrarlo efusivamente, había que sentir el «fuego», los «ríos de agua viva». Toda mi vida creí que «no puede estar triste el corazón que alaba a Dios», que el que alaba a Dios se «goza»; que la alegría nunca tenía que «salir» de mí. Siempre pensé que todo esto tenía que ver con la alabanza.

Pero, ¿qué sucede cuando vienen los problemas o las falsas acusaciones? ¿Qué sucede cuando se pierde algún ser querido o cuando experimentamos desilusiones? ¿Qué sucede cuando gritamos, «alabamos», cantamos y remolineamos pero el peso no se va? A mí me estaba sucediendo eso mismo. En los momentos más gloriosos de mi vida me tocaba pasar por una oposición que me quitaba el gozo. Y me preguntaba: Si estaba haciendo la voluntad de Dios, si estaba creciendo espiritualmente, si mi corazón por primera vez estaba vuelto a Dios con todas mis fuerzas, ¿por qué aquella oposición?

Durante esos días de incertidumbre sentí deseos de comenzar un estudio versículo por versículo de la epístola a los Hebreos en la clase de Escuela Dominical que dirijo. Al estudiar la situación de la comunidad cristiana a la cual fue dirigida la epístola a los Hebreos, encontré lo siguiente:

1. Los hebreos eran una comunidad de judíos que habían aceptado a Jesús como Salvador y Mesías.

2. En su condición de cristianos, ya no ofrecían sacrificios de animales en el templo de Jerusalén, que todavía no había sido destruido.

3. Los judíos religiosos ortodoxos habían montado una campaña de persecución violenta contra aquellos creyentes. Muchos cristianos habían ido a parar a la cárcel y otros estaban atravesando pruebas difíciles.

4. Debido a la persecución, un grupo de judíos cristianos estaban pensando en la posibilidad de volver al templo judío para ofrecer sacrificios según la tradición.

5. El escritor envía esta epístola para animarlos a seguir con los «ojos puestos en Cristo Jesús, el autor y consumador de la fe».

¡Qué situación más difícil! Pero en medio de la persecución dolorosa, el escritor dice:

Permanezca el amor fraternal. No os olvidéis de la hospitalidad, porque por ella algunos, sin saberlo, hospedaron ángeles. Acordaos de los presos, como si estuvierais presos juntamente con ellos; y de los maltratados, como que también vosotros mismos estáis en el cuerpo[...] Sean vuestras costumbres sin avaricia, contentos con lo que tenéis ahora; porque Él dijo: No te desampararé, ni te dejaré; de manera que podemos decir confiadamente: El Señor es mi ayudador; no temeré lo que me pueda hacer el hombre[...] Jesucristo es el mismo ayer, y hoy, y por los siglos (Hebreos 13.1-3,5-6,8).

El escritor ahora explica:

Tenemos un altar (v. 10).

Salgamos, pues, a Él, fuera del campamento, llevando su vituperio (v. 13).

El escritor finaliza este pensamiento, diciendo:

Así que, ofrezcamos siempre a Dios, por medio de Él, sacrificio de alabanza, es decir, fruto de labios que confiesan su nombre. Y de hacer bien y de la ayuda mutua no os olvidéis; porque de tales sacrificios se agrada Dios (Hebreos 13.15-16).

Aquellos cristianos estaban perdiendo sus trabajos, su posición social y sus bienes materiales. El escritor los exhorta a amarse con amor fraternal y a preocuparse de las necesidades de los demás. Luego les manda no ser avaros, no amar el dinero. La voluntad de Dios era que no tuvieran por costumbre amar los bienes materiales. Debían acostumbrarse a estar «contentos» con lo que tenían, actitud muy encomiable pero imposible a menos que consideraran el versículo que sigue. En ese versículo, el escritor cita la promesa que Dios le hizo a Jacob cuando huía de su hermano Esaú, a Josué antes de entrar a la tierra prometida y a Salomón al tomar el trono de Israel:

1. *Estoy contigo*

La promesa a Jacob fue que la presencia de Dios iría con él a dondequiera que fuera. En hebreo, la palabra presencia significa también «faz» o «rostro». La promesa es que Dios caminaría delante de Jacob, no mirando hacia adelante, sino hacia Jacob, hacia el que necesitaba protección. Dios recorre los caminos que todavía no hemos caminado, con el rostro siempre dirigido hacia sus hijos. El rostro de Dios no está dirigido a la bendición, a la solución de su problema. El rostro de Dios está vuelto hacia usted.

Dios está más interesado en nosotros que en la solución de nuestros problemas terrenales. Como dice la Biblia: «Sus ojos ven, sus párpados examinan a los hijos de los hombres[...] El hombre recto mirará su rostro» (Salmo 11.4,7). El hombre recto, el justo, contemplará el rostro de Dios, porque Dios contempla al hombre recto y justo.

2. No te desampararé

Una traducción literal de este texto sería: «No, nunca, ciertamente no, de ninguna manera te dejaría de la mano, te dejaría hundir, te quitaría el apoyo». El verbo está en modo potencial y expresa que no existe la posibilidad más remota de que nos desampare.

3. No te dejaré

Aquí también Dios usa un doble negativo. Una traducción literal podría decir: «Ni tampoco, no, ciertamente no, de ninguna manera te abandonaría, te dejaría en aprietos, sin ayuda, te abandonaría moribundo». No existe la posibilidad de que Dios nos abandone.

Esta promesa la podemos decir «confiadamente», con valentía, coraje y ánimo: Dios es nuestro ayudador. El original implica «el que corre a ayudar, a socorrer». Si Dios corre cuando necesitamos ayuda, no temamos lo que nos pueda hacer el hombre. Esta promesa era para aquellos cristianos hebreos que estaban bajo la amenaza de hombres religiosos que podían destruir sus vidas y sus familias. Querían obligar a los cristianos a volver a la tradición del altar de sacrificios en el templo. Los estaban amenazando hasta con la muerte. Ya se había manifestado ese espíritu en las persecuciones en Jerusalén, después del martirio de Esteban. Pablo y los apóstoles misioneros sufrían continuamente en manos de aquellos religiosos militantes.

El escritor les explica que no debían temer porque había «otro altar»: el altar sobre el cual Jesucristo fue sacrificado. Aquel altar no estaba en el templo, puesto que era

Jesús mismo, nuestro ayudador, el que es el mismo ayer, hoy y por los siglos. Pero cuando vamos a un altar, no podemos ir con las manos vacías. El propósito de ir a un altar es presentar sacrificio, ofrecer algo valioso, deshacernos de algo que nos cuesta. En un altar se presenta una ofrenda. En el altar que es Jesucristo mismo debemos ofrecer sacrificio.

¿Cómo se va a ese altar? Llevando el «vituperio» de Jesús, la difamación y la vergüenza que Cristo soportó durante su pasión y muerte. Jesucristo no trató de escapar del sufrimiento. No experimentó gozo al cargar la cruz, sufrir azotes ni pasar por muerte de cruz. Estaba presentando un sacrificio y a la vez contemplando el gozo puesto delante de Él: la resurrección y la gloria del trono a la diestra de Dios.

En el capítulo 13 el versículo 15 explica que el sacrificio que se debe presentar ya no es un animal, ni esfuerzos humanos, ni ceremonias. Se presenta sacrificio de alabanza, el fruto de labios que confiesan el nombre de Jesús el Mesías, el que no cambia, nuestro ayudador, el que no nos dejará ni desamparará. En Él hemos depositado nuestra fe.

El proceso es el siguiente:

1. Considero mi situación miserable, mi vituperio.
2. Me conformo con lo que poseo en el presente porque mi corazón está agradecido a Cristo por la salvación y la vida eterna.
3. Ofrezco el fruto de mis labios, sacrificio de alabanza a Jesús, el inmutable, mi ayudador.

Uno no alaba para sentir gozo. La alabanza es un sacrificio. No estamos presentando un sacrificio cuando alabamos para sentir gozo, para sentirnos mejor, para que todos digan que tuvimos un culto tremendo. La alabanza es un sacrificio a Jesús, nuestro Salvador y Rey. No tiene que ver con lo que sentimos, tiene que ver con la grandeza y la fidelidad de Dios.

La alabanza es una de las armas más poderosas del cristiano. En una guerra el soldado no se detiene para preguntarse si siente deseos de pelear. Cuando hay una avanzada del enemigo, el soldado resiste, pelea y se defiende. Cuando uno está en conflicto, no está muy alegre. Sin embargo, es el momento de alabar, de pelear.

En Jueces se nos relata la conquista de la tierra prometida. Luego de la muerte del gran líder Josué, quedó mucho territorio por conquistar. La tierra de Canaán estaba ocupada por los cananeos. Dios había sacado a su pueblo de Egipto, los había protegido en el desierto y los había llevado a la tierra prometida. La promesa era clara. La tierra les pertenecía. Tenían que tomar posesión de ella.

Cuenta el libro de Jueces que después de la muerte de Josué, «los hijos de Israel consultaron a Jehová, diciendo: ¿Quién de nosotros subirá primero a pelear contra los cananeos? Y Jehová respondió: Judá subirá; he aquí yo he entregado la tierra en sus manos» (Jueces 1.1-2).

Dios ordenó que Judá peleara. Judá significa «alabanza». Judá era el cuarto hijo de Jacob. Antes de morir, Jacob bendijo a Judá (o sea, a Alabanza) así:

Judá, te alabarán tus hermanos;
Tu mano en la cerviz de tus enemigos;
Los hijos de tu padre se inclinarán a ti.
Cachorro de león, Judá;
De la presa subiste, hijo mío.
Se encorvó, se echó como león,
Así como león viejo: ¿quién lo despertará?
No será quitado el cetro de Judá,
Ni el legislador de entre sus pies,
Hasta que venga Siloh;
Y a Él se congregarán los pueblos
(Génesis 49.8-10).

La bendición de Jacob es agresiva, militante y victoriosa. El rey David declaró:

Pero Jehová el Dios de Israel me eligió de toda la casa de mi padre, para que perpetuamente fuese rey sobre

Israel; porque a Judá [Alabanza] escogió por caudillo (1 Crónicas 28.4).

Cuando el pueblo de Israel marchó por el desierto, Judá (Alabanza) iba al frente. Judá marchaba con el rostro hacia la tierra prometida y Dios los guiaba con su presencia. El estandarte de Judá era la figura del cachorro de león. En su bendición, Jacob había dicho que Judá (Alabanza) era como un león que cuando se encorvaba nadie se atrevía a despertarlo. El cetro de autoridad estaba en las manos de Judá, en las manos de Alabanza. Cuando los israelitas llegaron a la frontera de Canaán, enviaron espías. Caleb fue en representación de Alabanza. Cuando había que pelear, Dios siempre enviaba a Alabanza por delante. El Salmo 76 dice:

Dios es conocido en Judá;
En Israel es grande su nombre.
En Salem está su tabernáculo,
Y su habitación en Sion.
Allí quebró las saetas del arco,
El escudo, la espada y las armas de guerra
(Salmo 76.1-3).

Dios es conocido en Judá-Alabanza: Dios se manifiesta en la alabanza. Allí, Dios quiebra las saetas, el escudo, la espada y todas las armas del enemigo.

El Salmo 149 explica que alabar no es una lucha en que se trata de derrotar al enemigo. Es imponer obediencia a enemigos que ya están derrotados.

Versículo 1:

Cantad a Jehová cántico nuevo [fresco, recién cosechado]. Su alabanza [canción, melodía] sea en la congregación de los santos.

Versículo 2:

Alégrese [resplandezca, brille] Israel en su Hacedor [Creador y constante sustentador]. Los hijos de Sion se gocen [remolineen] en su Rey.

Versículo 3:

Alaben [con alardes, ostentación y jactancia] su nombre [honor, autoridad, carácter y posición] con danza, con pandero y arpa a Él canten [cantar con acompañamiento instrumental].

Versículo 4:

Porque Jehová tiene contentamiento [placer, satisfacción] en su pueblo, hermoseará [ornamentará, decorará] a los humildes [aplastados] con la salvación [*Yeshua*: liberación, ayuda, victoria, prosperidad].

Versículo 5:

Regocíjense [salten, brinquen] los santos por su gloria, y canten [griten fuertemente] aun sobre sus camas [lugar de reposo].

Versículo 6:

Exalten [eleven, suban a gran altura] a Dios con sus gargantas, espada de dos filos en sus manos.

En fin, que el salmista nos manda a alabar. Por lo tanto debemos:

- cantar cántico nuevo

- alabar con melodías

- alegrarnos

- remolinear

- hacer alarde de su nombre

- cantar acompañados de instrumentos musicales

- regocijarnos, saltar

- cantar, gritar fuertemente, dar alaridos

Estas son las manifestaciones exteriores de la alabanza. En el versículo 6 vemos que alabar es exaltar a Dios. ¿Cómo exaltamos a Dios? Declarando que Él es más alto, más sublime que cualquier circunstancia. Dios es más alto que la muerte, que la tumba, que cualquier dolor o desilusión. Dios está por encima de cualquier gobernador de esta tierra, de cualquier experto, de cualquier organización, de cualquier amenaza de hombres. Dios es más alto, más sublime y más elevado que Satanás, que todo su ejército infernal, que cualquier religión, pacto y acuerdo. ¿Cómo exaltamos a Dios? Con nuestra garganta. ¿A quién exaltamos? Solamente a Él. Muchos usan la garganta para exaltar sus problemas. Otros para exaltar a Satanás. El que alaba, exalta y eleva a Dios con su garganta.

Algunos dicen que no hace falta alabar tanto al Señor. Otros dicen que alaban a Dios en privado, en la mente, en el corazón. La alabanza no puede limitarse al pensamiento: hay que expresarla con la garganta. ¿Por qué? Porque nuestro enemigo no es omnisapiente y es necesario recordarle que en esta batalla los hijos de Dios son vencedores en Cristo. En esta batalla, los hijos de Dios no emplean armas mentales, sicológicas ni religiosas. Los hijos de Dios emplean el arma de la alabanza a voz en cuello.

En las manos tenemos una espada de dos filos. Hebreos 4.12 declara esto de la Palabra de Dios. Fíjese bien dónde está la poderosa, filosa, cortante y devastadora Palabra de Dios. Está en nuestras manos. No está en nuestra garganta, allí solamente hay alabanza que exalta a Dios. Las manos representan lo que hacemos, nuestra conducta, lo que producimos en nuestra vida, nuestro testimonio. La Palabra de Dios tiene que estar en nuestro testimonio. ¿De qué nos sirve declarar la Palabra de Dios si no la aplicamos a nuestro diario vivir? Cuando combinamos la Palabra de Dios con sus mandamientos y la alabanza que brota de nuestra garganta, estamos peleando una guerra espiritual victoriosa.

Efesios 6.17 dice:

Y tomad[...] la espada del Espíritu, que es la Palabra de Dios.

Cuando la alabanza está en nuestra garganta, el Espíritu Santo la toma y pelea nuestras batallas. Note que la *Palabra de Dios no es nuestra espada. La Palabra de Dios es la espada del Espíritu.* Él es el único que la sabe usar. Por eso, la espada de la Palabra no debe estar en nuestra garganta cuando resistimos. Nuestra garganta debe estar llena de alabanza. La batalla es de Dios.

En la iglesia se ha usado la Biblia como una espada hiriente. El triste resultado son los centenares de denominaciones, grupos teológicos y tradiciones que creen tener la verdadera doctrina bíblica. Se ha usado la Biblia para dividir, aislar, ofender y herir. Se ha tomado una espada que no se sabe manejar y se ha hecho mucho daño.

¡Pero hay buenas noticias! El Espíritu Santo está restaurando la alabanza en las gargantas de la Iglesia y está sanando las heridas de aquellas gargantas vacías de alabanza y llenas de orgullo.

Versículo 7:

Para ejecutar venganza entre las naciones [gente pagana] y castigo [perversidades, iniquidades] entre los pueblos.

El enemigo está detrás de todo conflicto en nuestra vida. Estamos en guerra cuando enfrentamos dificultades en el mundo, en el hogar, en la iglesia o dentro del círculo de amistades. Todos estas luchas tenemos que enfrentarlas con armas espirituales.

La primera reacción frente a un ataque de cualquier tipo debe ser la alabanza. Con ella en nuestros labios y la Palabra de Dios en nuestra manera de vivir, derrotaremos a sus enemigos y a cualquier pecado que pueda manifestarse en su familia, la iglesia. Cuando exaltamos a Dios, no tenemos tiempo para hablar en contra de nuestros enemigos. No criticamos ni analizamos las razones, las estrategias ni las motivaciones de los que están oponiéndose. Estamos demasiado ocupados exaltando a Dios.

Nuestro testimonio debe ser un arma de ataque. No debemos dejar un lado descubierto a la merced del enemigo para que él nos acuse y establezca una fortaleza. Nuestro testimonio debe ser sólido, sin brechas. Si hay brechas en su testimonio, si hay ofensas y heridas, confiéselas a Dios y a los ofendidos, y cierre esa fisura. Cuando obedecemos la Palabra de Dios en nuestro diario caminar, nadie nos debe acusar:

En cambio el espiritual juzga todas las cosas; pero él no es juzgado de nadie. Porque ¿quién conoció la mente del Señor? ¿Quién le instruirá? Mas nosotros tenemos la mente de Cristo (1 Corintios 2.15-16).

Nadie puede lanzar un veredicto de juicio contra un hombre espiritual que está exaltando a Dios continuamente con la Palabra en sus manos y en su diario vivir. ¿Sabe lo que sucede? Los enemigos se confunden, se cansan y se van. No encuentran un blanco donde apuntar. Por eso, cuanto más crítica, más alabanza. Cuanto más falsa es la acusación, más alabanza. Eso no es desatender al enemigo. Es enfrentarlo con armas que no puede resistir.

Versículo 8:

Para aprisionar [poner un yugo, unas riendas] a sus reyes [sentado en un trono] con grillos [atadura] y a sus nobles [honrados] con cadenas de hierro.

Este es el resultado de la alabanza. Los enemigos entronizados, quedan atados y sus secuaces son controlados con cadenas de hierro. Nuestra guerra no es contra individuos, sino contra fuerzas espirituales, contra reyes o principados, contra nobles o potestades en lugares celestiales.

Versículo 9:

Para ejecutar en ellos el juicio [veredicto pasado por el Juez] decretado [grabado y archivado].

La alabanza pone en vigencia el veredicto del Juez. ¿Cuál es el veredicto sobre estos reyes? ¿Qué veredicto ha puesto Dios en las manos de los que alaban? Aunque Judá era cachorro de león, hace dos mil años vino el León de la tribu de Judá y en la cruz del Calvario conquistó lo que después Pablo proclamó:

> Y a vosotros, estando muertos en pecados y en la incircuncisión de vuestra carne, os dio vida juntamente con Él, perdonándoos todos los pecados, anulando el acta de los decretos que había contra nosotros, que nos era contraria, quitándola de en medio y clavándola en la cruz, y despojando a los principados y a las potestades, los exhibió públicamente, triunfando sobre ellos en la cruz (Colosenses 2.13-15).

Siguiendo con las palabras de Pablo, la aplicación de este veredicto es:

> Por tanto, nadie os juzgue en comida o en bebida, o en cuanto a días de fiesta, luna nueva o días de reposo, todo lo cual es sombra de lo que ha de venir; pero el cuerpo es de Cristo. Nadie os prive de vuestro premio, afectando humildad y culto a los ángeles, entremetiéndose en lo que no ha visto, vanamente hinchado por su propia mente carnal, y no asiéndose de la Cabeza[...] Pues si habéis muerto con Cristo en cuanto a los rudimentos del mundo, ¿por qué, como si vivieseis en el mundo, os sometéis a preceptos tales como: No manejes, ni gustes, ni aun toques[...] Tales cosas tienen a la verdad cierta reputación de sabiduría en culto voluntario, en humildad y en duro trato del cuerpo; pero no tienen valor alguno contra los apetitos de la carne (Colosenses 2.16-18,19-21,23).

¿Cuál es el veredicto de Dios en nuestras manos?

• Tenemos la vida de Cristo.

• *Todos* nuestros pecados han sido perdonados.

• No hay acta de decretos contra el creyente.

• No hay condenación para todo aquel que está en Cristo.

- Los principados y potestades quedaron «despojados».

- Los principados y potestades quedaron avergonzados públicamente.

- Jesucristo triunfó sobre ellos en la cruz. Están derrotados desde aquel día.

Por lo tanto, nuestro premio, nuestra recompensa está asegurada en Cristo. No la tenemos que ganar con nuestros esfuerzos «religiosos», como pretendían los fariseos. Ellos no podían arrimarse a un gentil, ni rozar objetos previamente tocados por gentiles y mucho menos comer lo que ellos comían. ¡Qué triste que esto todavía se enseñe en algunos círculos cristianos! Miles de ellos todavía están tratando fervientemente de ganar la recompensa que Cristo ya tiene reservada en los cielos para aquellos que simplemente lo aceptan por fe.

¿Ha tratado el enemigo de presentarle alguna acusación que pone en duda el veredicto de Dios en su vida? ¿Ha tratado el enemigo de acusarle de pecado, de violación de la ley de Dios? ¿Ha ido el enemigo a «predicarle» que usted no está haciendo lo suficiente para complacer a Dios? ¿Ha ido el enemigo a condenarle, a decirle que usted no es lo suficientemente santo? ¿Ha quedado usted deprimido? ¿Se ha presentado el enemigo como un ser invencible y lleno de jactancia, garantizándole que usted será derrotado? Permítame decirle que los que alaban a Dios ejecutan el veredicto que Cristo consumó en la cruz del Calvario.

En las guerras, las tropas que lanzan el primer asalto a las posiciones enemigas están entrenadas para atacar, destruir y derrotar al enemigo. Luego que se logra la victoria, las tropas de asalto se retiran y llegan las fuerzas de ocupación. El ejército que ocupa no pelea pues el enemigo ya ha sido derrotado. El ejército de ocupación procura que el territorio capturado permanezca en sus manos.

Cristo asaltó las puertas del infierno y de la muerte. Obtuvo la victoria al resucitar y ascendió para sentarse en el trono a la diestra de Dios. En el proceso, avergonzó y despojó a los principados, quienes junto a las potestades intentaron impedir la obra de Cristo deteniendo la crucifixión. Pero Cristo venció, traspasó los cielos y los humilló públicamente. Ya no tenemos que pelear. Basta con tomar posesión de las promesas que son del creyente. ¿Cómo? Exaltando a Cristo con nuestras gargantas y poniendo en práctica en nuestras vidas la Palabra de Dios.

En 2 Crónicas 20 se nos dice lo que sucedió en el pueblo de Judá, el pueblo de Alabanza, al ser rodeado por los ejércitos enemigos de Moab, Amón y los del monte de Seir. Fíjese en algunas de las características de sus enemigos:

1. Moab y Amón eran descendientes de Lot, el sobrino de Abraham. Aunque Lot era sobrino de Abraham, Moab nació de las relaciones incestuosas de Lot con su hija mayor. Aquellos pueblos eran hijos del pecado y la rebelión. (No se sorprenda cuando se vea atacado por amigos, parientes o compañeros.)

2. Los del monte de Seir eran los edomitas, descendientes de Esaú, hermano de Jacob. Esaú desechó la bendición. Esaú fue un hombre demasiado interesado en las cosas terrenales. (No se sorprenda cuando nos veamos tentados a comprometer nuestros principios.)

3. Los moabitas y los amonitas adoraban al dios Moloc y le ofrecían sacrificios humanos, especialmente niños. (No se sorprenda cuando el enemigo pretenda robarle su familia.)

4. El territorio de Moab se encontraba al otro lado de la frontera de la tierra prometida. No eran enemigos distantes. Estaban bien cerca. (No espere un ataque de extraños; el enemigo puede atacar con la familia.)

5. En camino a Canaán, los moabitas y amonitas contrataron los servicios de un profeta llamado Balaam para que maldijera a Israel. (No se sorprenda cuando algunos «profetas» profeticen desastres.)

6. En camino a Canaán, el pueblo de Edom no permitió que Israel pasara por su territorio, con lo que la trayectoria se volvió sumamente difícil. (No se sorprenda cuando se levanten dificultades para que la visión de Dios no se cumpla en su vida.)

7. Estas tres naciones fueron una constante irritación al pueblo de Dios. Fueron derrotados por los jueces, por Saúl, por David, por Josafat; pero parece que siempre resurgían después de un tiempo. (No se sorprenda si después de una temporada los mismos problemas reaparecen.)

Estos tres enemigos marcharon contra el rey Josafat y el pueblo de Judá-Alabanza. Josafat entonces convocó a un gran culto de oración y frente a todo el pueblo de Judá-Alabanza clama a Dios diciendo:

He aquí ellos nos dan el pago viniendo a arrojarnos de la heredad que tú nos diste en posesión (2 Crónicas 20.11).

El enemigo siempre quiere robarnos lo que ya Dios nos ha dado. (Note bien lo que le estoy diciendo: Lo que Satanás le está tratando de robar, ya Dios se lo ha dado, es su herencia.) Josafat añadió:

¡Oh Dios nuestro! ¿no los juzgarás tú? Porque en nosotros no hay fuerza contra tan grande multitud que viene contra nosotros; no sabemos qué hacer, y a ti volvemos nuestros ojos (2 Crónicas 20.12).

Todo Judá estaba de pie delante del Señor, oyendo la oración del rey Josafat. De repente, el Espíritu Santo cayó sobre los levitas en medio del culto de adoración y alabanza. El Espíritu Santo, el Consolador, manifiesta su presencia y su dirección consoladora cuando hay un grupo

de alabadores que apartan sus ojos del desastre y los vuel-
ven a Dios. El Espíritu Santo siempre concede dirección y
paz cuando un alabador confiesa que aunque no sabe qué
hacer, confía en su Dios.

El Espíritu Santo habló, diciendo:

Oíd, Judá todo, y vosotros moradores de Jerusalén, y
tú, rey Josafat. Jehová os dice así: No temáis ni os ame-
drentéis delante de esta multitud tan grande, porque
no es vuestra la guerra, sino de Dios (2 Crónicas 20.15).

El Espíritu Santo instruyó entonces al pueblo de Judá
a cómo prepararse para la gran victoria. Les reveló los
planes secretos del enemigo, por dónde iban a subir y dónde iban a acampar. Les declaró que Judá no tendría que
pelear, sino esperar y observar cómo los salvaba Dios. Al
oír estas instrucciones tan claras, Josafat y todo el pueblo
de Judá (pueblo de Alabanza) adoraron al Señor y alaba-
ron a Jehová, el Dios de Israel con «fuerte y alta voz» (2
Crónicas 20.18-19). Después todo el pueblo de Judá se fue
a dormir. La solución no estaba en sus manos. La batalla
era de Dios.

El relato continúa así:

Y cuando se levantaron por la mañana, salieron al desierto de Tecoa. Y mientras ellos salían, Josafat, estando
en pie, dijo: Oídme, Judá y moradores de Jerusalén.
Creed en Jehová vuestro Dios, y estaréis seguros; creed
a sus profetas, y seréis prosperados. Y habido consejo
con el pueblo, puso a algunos que cantasen [melodías]
y alabasen [gritos de alarde] a Jehová, vestidos de or-
namentos sagrados, mientras salía la gente armada, y
que dijesen: Glorificad a Jehová, porque su misericordia es para siempre (2 Crónicas 20.20-21).

¿Qué estaban haciendo los de la alabanza? Estaban
exaltando y glorificando a Dios. Estaban declarando que
su Dios era más sublime, más enaltecido que sus enemigos. Dios iba a glorificarse no porque Judá lo mereciera,
sino por su misericordia, por su bondad. Había alabanza
en sus labios, y además habían creído las instrucciones del

Espíritu recibidas a través de los profetas. Habían creído la Palabra de Dios, y estaban entrando en acción.

Y cuando comenzaron a entonar [a viva voz] cantos de alabanza, Jehová puso contra los hijos de Amón, de Moab y del monte de Seir, las emboscadas de ellos mismos que venían contra Judá, y se mataron los unos a los otros (2 Crónicas 20.22).

¡Las emboscadas que eran para la destrucción del pueblo de Judá se transformaron en tumba de sus enemigos! Dios peleó por Judá. Dios le dio la victoria al pueblo de Alabanza.

Pero aquí no terminó todo. Dios ordenó que se prepararan para encontrarse con el enemigo, pero no para pelear sino para tomar botín.

Viniendo entonces Josafat y su pueblo a despojarlos, hallaron entre los cadáveres muchas riquezas, así vestidos como alhajas preciosas, que tomaron para sí, tantos, que no los podían llevar; tres días estuvieron recogiendo el botín, porque era mucho (2 Crónicas 20.25).

¿Cuál es el propósito de nuestra guerra contra el diablo, contra el mundo, contra nuestra carne? Despojar al enemigo, quitarle las vidas que tiene aprisionadas.

Miles de cristianos tienen el dolor de ser los únicos salvos en la familia. Quizás usted es uno de ellos, y se siente como Josafat, sin fuerzas y sin saber qué hacer. ¡Alabe a Dios! ¡Exáltelo! Él es más poderoso que las fuerzas que tienen atada a su familia. Frente a ellos viva conforme a la Palabra de Dios. Dios le dará la victoria para entrar a despojar al enemigo. En esa vida que está arruinada va a encontrar un botín de joyas preciosas para la gloria de Dios.

Muchos cristianos tendrán que practicar esto en sus trabajos, vecindarios y escuelas. Dios está llamando a su iglesia a ser como Judá-Alabanza. Tenemos el cetro de autoridad; marchamos en el nombre de Jesús, el vencedor.

Nunca exalte el problema. Nunca exalte la obra del enemigo. Su enemigo está avergonzado.

¿Hay gozo en la alabanza? Por supuesto:

Y todo Judá y los de Jerusalén, y Josafat a la cabeza de ellos, volvieron para regresar a Jerusalén gozosos, porque Jehová les había dado gozo librándolos de sus enemigos. Y vinieron a Jerusalén con salterios, arpas y trompetas, a la casa de Jehová. Y el pavor de Dios cayó sobre todos los reinos de aquella tierra, cuando oyeron que Jehová había peleado contra los enemigos de Israel (2 Crónicas 20.27-29).

El gozo llega cuando Dios lo da, porque es fruto del Espíritu. No es producto de las emociones, de la música ni del entusiasmo. El gozo llega cuando Dios actúa, cuando obedecemos su Palabra, cuando le exaltamos y despojamos al enemigo.

Este fue un episodio en la historia del pueblo de Judá, el pueblo de Alabanza. Esto es lo que Dios hace con los que le alaban. Dios lo hizo conmigo y lo sigue haciendo con otros. No tenemos tiempo de analizar lo que el enemigo está tramando, pero el Espíritu Santo conoce todas sus artimañas. A su tiempo, Él avisa, aconseja y guía. Vuelva los ojos al Señor y exáltelo ante su altar de sacrificio de alabanza. Su enemigo es poderoso y rico. Cuanto más grande y rico, más grande será el botín.

10 El poder de la revelación

Una tarde, luego de una conferencia de pastores, me encontré con un joven que aspiraba al ministerio. Tenía en mis manos un libro devocional que me acababan de obsequiar. Mientras hablábamos, sentí que aquel joven estaba sumamente confundido acerca de su llamamiento. Me habló de sus proyectos y ambiciones. También me habló de los problemas que había en la iglesia. Él tenía respuesta para todo. Ya me he acostumbrado a no discutir con quien piensa que sabe mucho y callo. ¿Sabe por qué no lo confronto? Porque antes que mi vida espiritual se renovara, yo era así.

Sentí deseos de regalarle el libro devocional que tenía en mis manos. Se lo ofrecí, pero lo rechazó. Me dijo que prefería leer libros técnicos (de teología, comentarios bíblicos) que le dieran más conocimiento de la Palabra de Dios. Recordé que yo también había sido así. No me gustaban los libros devocionales. Prefería leer y estudiar comentarios bíblicos y análisis de textos bíblicos en los idiomas originales. Los libros devocionales eran muy místicos y subjetivos. Eran descripciones de experiencias personales de hombres y mujeres de santidad que habían sido llamados para ese estilo de vida. Quería ser un intelectual. Quería conocimiento.

Solo conocimiento intelectual   Cientos
de veces prediqué y enseñé sobre la necesidad de estudiar

la Biblia seriamente. Otras tantas recalqué desde el púlpito la necesidad de conocer y escudriñar la Palabra de Dios. Aunque el mensaje era bíblico, mi motivación no lo era. Muchos enseñan la importancia del conocimiento bíblico. Exhortan a que uno se aprenda versículos y hasta capítulos enteros. Oí alguna vez a un maestro muy respetado enseñar que la memorización de la Biblia producía la regeneración de la mente, la santificación y la sabiduría. Aunque la memorización y el estudio son vitales en la vida de un cristiano, nunca producirán cambios serios por sí mismos. Es el Espíritu Santo el que produce esos cambios.

Durante mis años de preparación teológica, me enamoré del conocimiento bíblico. Mi deseo era absorber la mayor cantidad de investigación bíblica posible. Constantemente leía libros que me proporcionaban información sobre temas bíblicos, teología, hermenéutica, gramática griega y hebrea e historia. Podía discutir casi cualquier tema bíblico. Era un buen polemista. Sabía de Dios y de su Palabra. Conocía la Biblia, pero no conocía el corazón de Dios.

Me jactaba de haber obtenido conocimientos que muchos no tenían en la iglesia. Este conocimiento académico produjo en mí un espíritu de orgullo y de crítica. La crítica nace cuando nos comparamos con otros. Mi tema favorito eran los problemas de las iglesias, de otros ministros y de los creyentes. Cuando una persona no conoce el corazón de Dios, se enorgullece. Si se compara con otros, halla maneras de sentirse más educado, más preparado, superior. Cuando conocemos el corazón de Dios y nos comparamos con Él, nos sentimos, como Isaías, hombre muerto e impuro de labios.

Leía la Biblia porque era mi manual de trabajo. Desde muy joven había decidido dedicar mi vida al servicio del Señor en el ministerio cristiano. El conocimiento bíblico es primordial para desempeñarse en puestos eclesiásticos. Para mí, la Biblia era una fuente de estudio, de conocimiento, de información y de verdad. Además, este conocimiento bíblico me daba credibilidad y autoridad. Muchos se dejan impresionar por personas que tienen conocimiento, títulos y educación. Por lo tanto, me propuse estudiar, conocer la Biblia y todo material bíblico que me ayudara a ser un hombre de conocimientos. Por muchos años prediqué y enseñé la Biblia con esa motivación. Mi mensaje giraba en torno a la importancia del estudio bíblico. Lo había aprendido de mis profesores en la universidad cristiana y en el seminario. Ellos me habían deslumbrado con su saber. Quería ser así: una persona con profundos conocimientos de la Biblia.

Pero todo mi conocimiento era intelectual. El intelecto es limitado y requiere que se le estimule periódicamente. Por lo tanto leía comentarios, enseñanzas profundas, diversos temas controversiales. Con el correr del tiempo, me desgasté intelectualmente, al punto en que ya no tenía interés en leer libros o materiales teológicos. Me había cansado de discutir temas religiosos y de criticar a otros. Estaba frustrado. *Necesitaba ser renovado.*

¿Cuál era mi problema? No tenía una relación íntima con mi Padre ni con el Espíritu Santo. Es muy difícil estudiar con profundidad a alguien que no conocemos íntimamente. Hay muchos cristianos que con sinceridad creen en todo lo que la Biblia enseña acerca de Dios, de Jesús y del Espíritu Santo. Durante los primeros años del ministerio radial, trabajé con un hombre que conocía la Biblia de tapa a tapa. Era un fundamentalista conservador evangélico de sólida teología. Pero aunque conocía la Biblia, no conocía el corazón de su autor. Aunque muchos cristianos adoran la Biblia, no debemos olvidar que antes que ella fuera escrita, Dios ya era Dios.

No deseo ser alarmista ni exagerar acerca del peligro que existe cuando buscamos conocimiento bíblico que no emana del conocimiento íntimo del corazón de Dios. Recordemos la primera tentación de la serpiente al hombre. Primero, Satanás presentó la tentación convenciéndolo de que estaba deseando algo bueno, pero nunca le explicó las consecuencias de las caídas.

En segundo lugar, la tentación fue dirigida al deseo humano de adquirir, de poseer. Satanás apeló al deseo de adquirir conocimiento. No estoy diciendo que esto sea malo. Obtener educación y conocimiento es bueno. Pero Adán quiso obtenerlo sin someterse a Dios ni depender de Él, única fuente de toda sabiduría. Satanás presentó el conocimiento como algo bueno. Pero detrás del deseo de conocer existía el de poseer conocimiento para dominar y enseñorearse. Si usted está estudiando en una institución teológica o está cumpliendo funciones eclesiásticas, examine sus motivaciones. ¿Está estudiando porque quiere tener un nombre o porque desea enseñar a otros? ¿Le gusta servir sin que se lo reconozcan? ¿Le gusta ser un alumno, sentarse a aprender de otros? Si usted está todavía luchando con sus motivaciones, con sus deseos de obtener una posición a través del conocimiento, recuerde esto: Satanás no ha cambiado su estrategia, porque el corazón humano tampoco ha cambiado.

Dios quiere renovarnos Había caído en esa trampa. La educación teológica parecía algo bueno. Pero detrás de esa buena intención había una tentación diabólica. Por esa razón hay tantos que saben mucho, pero no se nota la diferencia en la relación que tienen con sus familias, iglesias, comunidades. El mundo cambia cuando las personas conocen a Dios íntimamente y como resultado de conocerlo escudriñan la Palabra. Anhelan conocer más a Dios.

Dios tuvo que cambiarme. Él cambió a Abram (Abraham). Abram dijo:

> Señor Jehová, ¿qué me darás, siendo así que ando sin hijo, y el mayordomo de mi casa es ese damasceno Eliezer? (Génesis 15.2).

Abraham dijo:

Señor, si ahora he hallado gracia en tus ojos, te ruego que no pases de tu siervo (Génesis 18.3).

Abram le pidió algo a Dios. Deseaba de todo corazón tener un hijo varón. Ese hijo le daría prestigio. Pero Abram tuvo un encuentro con el Señor, *su* Señor. Por eso, cuando su Señor se le apareció, Abraham sólo le pidió su presencia. Deseaba conocer al Señor; por eso quería que se quedara. No tenía deseos de tener algo de Dios: *deseaba tener a Dios.*

Como he dicho antes, Dios renovó mi vida de adoración. Luego renovó el estudio y el conocimiento de su Palabra. En aquella inolvidable noche en Toronto, tuve un encuentro personal con el Espíritu Santo. Allí comenzó una nueva etapa de renovación en mi vida. Se despertó en mí el hambre de Dios y desde entonces continúo renovándome de gloria en gloria. En los días posteriores a esa primera experiencia, el Espíritu Santo me llevó a un conocimiento más íntimo de Jesucristo, mi Señor y Rey. A través de la adoración, la presencia de Jesucristo se hizo real y tangible.

Una mañana durante el programa radial de adoración, comencé a hablar de la invitación que Jesús hizo durante la fiesta de los tabernáculos.

En el último y gran día de la fiesta, Jesús se puso en pie y alzó la voz, diciendo: Si alguno tiene sed, venga a mí y beba. El que cree en mí, como dice la Escritura, de su interior correrán ríos de agua viva (Juan 7.37-38).

Para no distraerme, cerré los ojos y comencé relatar el momento en que Jesús estaba celebrando esta fiesta como buen judío. De acuerdo a esta tradición, durante los días de la fiesta se presentaban ofrendas de agua en un vaso de oro mientras los sacerdotes cantaban los versos de Isaías 12.3-4 que dicen:

Sacaréis con gozo aguas de las fuentes de salvación. Y diréis en aquel día: Cantad a Jehová, aclamad su nom-

bre, haced célebres en los pueblos sus obras, recordad
que su nombre es engrandecido.

Esta ceremonia celebraba la ocasión en que Dios había
dado agua a los israelitas en el desierto. De repente Jesús,
en medio de la multitud, gritó a voz en cuello la invitación
a los sedientos. Aunque estaba citando la Escritura judía,
el Antiguo Testamento, Jesús no se estaba refiriendo a
agua natural. Se estaba refiriendo a sí mismo. Él era el
agua para los sedientos. Estaba invitándolos a que fueran
y bebieran de Él mismo. Jesús es agua viva. Él es la fuente.
El Espíritu Santo es el que reparte esa agua viva.

Luego de concluir con esta simple enseñanza, sentí
que el Espíritu Santo deseaba manifestar su gloriosa presencia. Le informé a la audiencia radial que en los próximos minutos debíamos adorar a Cristo, esperando que el
Espíritu Santo ofreciera esta agua fresca a todos los sedientos. Durante la adoración, su presencia gloriosa se manifestó en personas que nos estaban escuchando, no solo
en el estudio, sino también en casas, oficinas y hasta en
automóviles. Fue maravilloso. Durante más de una hora
estuvimos postrados, llorando, adorando, humillándonos
en la presencia de nuestro Rey y Señor Jesús. Recuerdo
que no quería salir del estudio radial. Alguien nos trajo
unas tazas de café. Mi reacción inmediata fue no beber ni
comer en la presencia del Señor. Después de unos minutos, el Espíritu Santo me explicó que para eso era que orá-
bamos antes de las comidas. En la presencia del Señor, le
agradecemos los alimentos, los santificamos y los ingeri-
mos. Agradecí al Señor el café, lo tomé y continué ado-
rándole.

Luego de unas horas me atreví a salir. Cuando crucé
al otro lado de la puerta, sentí que la presencia del Espíritu
no era tan intensa afuera como en el interior del estudio.
Decidí no salir más, me quedé allí toda la mañana y toda
la tarde.

He tenido muchas experiencias de ese tipo. ¡La gloria
de Dios es tan real! Aunque Él es omnipresente, su gloria

no se manifiesta en cualquier lugar, sino en espacios separados y preparados para que Él habite; lugares de alabanza y adoración. El Dios santo habita, se entroniza y reina en la alabanza de su pueblo.

Pero tú eres santo, tú que habitas entre las alabanzas de Israel (Salmo 22.3).

Para ver tu poder y tu gloria, así como te he mirado en el santuario (Salmo 63.2).

La gloria de Dios en vasos de barro

El Dios Santo habita y puede ser contemplado en el santuario. El santuario es un lugar separado, debidamente purificado y consagrado para que la presencia de Dios se manifieste. La gloria de Dios estaba en el Lugar Santísimo, en el tabernáculo de Moisés y en el templo de Jerusalén. Luego de la ascensión de Cristo a los cielos y de la venida del Espíritu Santo en Pentecostés, la gloria de Dios no habita en edificios, tiendas ni en utensilios ceremoniales. La gloria de Dios habita en vasos de barro: nuestras vidas y nuestros cuerpos.

Cuando la gloria de Dios se comenzó a manifestar en momentos de adoración y oración, se despertó en mí hambre profunda de escudriñar la Palabra de Dios. Ya no estaba interesado en conocimientos técnicos de interpretación bíblica, sino en conocer a Dios, su carácter, su personalidad, sus propósitos, sus planes. Estaba interesado en conocer *sus caminos*. El Espíritu Santo estaba poniendo en mí un cuidado y una sensibilidad hacia lo que agrada y desagrada a Dios. Sabía que la adoración, la alabanza, la oración, la lectura de la Palabra y el servicio a otros agradan a Dios. Esto siempre lo he sabido. Pero ahora había una diferencia. En la intimidad de la adoración y la oración, sentía que debía adorar, orar, escudriñar la Biblia y servir a Dios en maneras aceptables, según sus caminos y designios.

Ese deseo era nuevo para mí. Estaba acostumbrado a dirigir estas prácticas cristianas según lo que se me había enseñado y lo que había visto hacer a otros. Pero el Espíritu Santo quería enseñarme a adorar de acuerdo a la Palabra, a orar según la Biblia, a alabar, a escudriñar y a ministrar según el modelo bíblico. Necesitaba comenzar a leer la Biblia para conocer el corazón de Dios. El Espíritu Santo me estaba motivando a escudriñar las Escrituras a través de la adoración.

El apóstol Pedro pasó por la misma experiencia. Luego de tres años y medio de oír las palabras de Jesús, no entendía que el Mesías debía morir, ser puesto en una tumba donde permanecería por tres días y luego resucitar de los muertos. Cuando en aquella mañana María Magdalena vio que la piedra del sepulcro donde habían puesto al Maestro había sido quitada, salió corriendo a buscar a Pedro. Al enterarse, Pedro se apresuró en ir al sepulcro. Al llegar entró, y vio los lienzos y el sudario enrollados en un lugar aparte (Juan 20.1-7).

La realidad es que los discípulos no habían entendido las Escrituras (Juan 20.9-10). Sin embargo, esa misma noche sucedió algo maravilloso. Jesús entró en la habitación donde estaban encerrados.

Y puesto en medio, les dijo: Paz a vosotros. Y cuando les hubo dicho esto, les mostró las manos y el costado. Y los discípulos se regocijaron viendo al Señor. Entonces Jesús les dijo otra vez: Paz a vosotros. Como me envió el Padre, así también yo os envío. Y habiendo dicho esto, sopló, y les dijo: Recibid el Espíritu Santo (Juan 20.19-22).

Cincuenta días después, en el día de Pentecostés, aquellos discípulos que no habían entendido las Escrituras recibieron la promesa. Pedro, lleno del Espíritu Santo, predicó un poderoso mensaje frente a una multitud de judíos. Citó las profecías de Joel y los Salmos 16 y 110 del rey David, interpretándolos en relación a la venida del Espíritu Santo. Cincuenta días antes, Pedro no entendía las

Escrituras. ¿Qué había sucedido? El Espíritu Santo lo había tocado e iluminó las Escrituras.

Y perseveraban en la doctrina de los apóstoles (Hechos 2.42).

¿Qué enseñaban los apóstoles? Lo que Jesús les había enseñado. ¿Quién les traía las palabras de Jesús a la memoria? El Espíritu Santo. ¿Quién les daba entendimiento para enseñar «doctrina»? El Espíritu Santo.

Hambre por la Palabra Luego que el Espíritu Santo me manifestara su presencia, sentí gran hambre por entender mi experiencia a través de la Palabra de Dios. Al principio, el Espíritu Santo me guió a estudiar los Salmos. Siempre supe que el rey David conocía a Dios. Siempre quise conocer a Dios como David, pero me interesaba más estudiar las profundas verdades de las epístolas de Pablo. Los Salmos, las experiencias de Moisés en el Sinaí, Isaías frente al trono, Ezequiel, Pablo y Juan en Apocalipsis nunca me habían atraído. Es más, evitaba estudiar esas experiencias porque en primer lugar no las entendía y luego me sentía reprendido por ellas.

Note bien lo que estoy diciendo. Había tratado de conocer a Dios íntimamente a través del estudio sistemático de la Biblia. Ahora, la intimidad con Dios en la oración y la adoración me estaban llevando al estudio de la Biblia. Estaba bebiendo de Cristo primero, de su presencia y luego esa misma presencia me llevaba a su Palabra. El Salmo 119 es dedicado a las excelencias de la Palabra de Dios. Comienza diciendo:

> Bienaventurados los perfectos de camino, los que andan en la ley de Jehová. Bienaventurados los que guardan sus testimonios, y con todo el corazón le buscan (vv. 1 y 2).

En todo este salmo, el escritor habla de dos cosas: obedecer la Palabra de Dios y buscarle de todo corazón. Este salmo pudiéramos desglosarlo así:

- «Inclina mi corazón a tus testimonios» (v. 36).

- «Tu presencia supliqué de todo corazón» (v. 58).

- «Clamé con todo mi corazón; respóndeme Jehová y guardaré tus estatutos» (v. 145).

- «Llegue mi clamor delante de ti, oh Jehová; dame entendimiento conforme a tu palabra» (v. 169).

El salmista se está colocando en una posición de adoración antes de recibir la palabra, los mandamientos y la dirección de Dios. Estos son los pasos que da:

1. *Busca a su Dios.* Desea buscar a su Dios para ser bienaventurado, feliz y para guardar y obedecer sus mandamientos. No hay felicidad con Dios sin búsqueda. No hay obediencia a Dios sin relación e intimidad.

2. *Humilla su corazón frente a Dios.* El salmista confiesa que solamente Dios puede inclinar su corazón hacia la Palabra. En la presencia de Dios, el Espíritu Santo inclina nuestro corazón, nuestra mente y voluntad hacia su Palabra. Jesús lo dice de otra manera:

El que me ama, mi palabra guardará; y mi Padre le amará, y vendremos a él, y haremos morada con él (Juan 14.23).

No se puede guardar la Palabra de Dios sin amor a Cristo. Sin una relación amorosa con Jesús, la obediencia a la Palabra será por conveniencia, por temor, por tradición. Este tipo de obediencia religiosa lleva a la frustración, a la confusión y a la ruina. Cuando hay una relación amorosa de adoración, de búsqueda y de dependencia, hay renovación en la Palabra de Dios. *La Palabra de Dios ya no es un manual técnico*, sino que es espíritu y es vida.

¿Sabe lo que sucedió conmigo? Aprendí a preparar mi corazón y mi mente para recibir la revelación de la Palabra de Dios. Permítame explicarle.

Ya hemos dicho que la adoración es el continuo estado de un corazón que se ha vuelto al corazón de Dios. Hemos dicho que la oración es la revelación del corazón de Dios en cuanto a ese instante de la vida. Cuando contemplo el corazón amoroso de Dios en la adoración, mi corazón es afectado. Primero, veo mis impurezas. Segundo, me arrepiento. Finalmente, Dios me transforma de acuerdo al modelo de su hijo Jesús. Luego de mi momento de adoración, de que mi corazón ha sido transformado por la gloria de Dios, la Biblia es vivificada. Se entiende mejor la experiencia de Isaías frente al trono. Se entiende mejor la experiencia de Juan frente al Cristo glorificado.

3. *Suplica la presencia de su Dios.* El salmista reconoce que sin la presencia de Dios no puede guardar los mandamientos. En los versículos que siguen, el salmista dice que luego de suplicar la presencia de su Dios, consideró sus caminos y volvió sus pies a los testimonios de Dios (Salmo 119.59).

4. *Espera la respuesta de su Dios.* Cuando el corazón pide una respuesta, Dios responde según su Palabra. El corazón de David esperaba las instrucciones de Dios. Este es un corazón paciente que ya sabe que las ideas humanas llevan a la ruina. Solamente la repuesta de Dios nos salva.

5. *Pide entendimiento.* El salmista pide entendimiento luego que la respuesta llega. El corazón del salmista no solo espera una respuesta, sino que desea capacidad para entenderla. Antes del conocimiento de la Palabra debe haber una relación íntima y abierta con el Dios de la Palabra. Tristemente, no aprendí eso en el seminario. Me enseñaron que para conocer la Palabra de Dios había que estudiar, aprender idiomas originales, reglas de interpretación y principios teológicos. No estoy en contra de la educación cristiana. Agradezco a Dios que me permitió estudiar.

Pero no podemos conocer a nuestro Dios solamente a través del entendimiento de verdades teológicas.

Y conoceréis la verdad, y la verdad os hará libres (Juan 8.32).

La palabra *conoceréis* implica entender, llegar a conocer a través de una experiencia personal. Este conocimiento tiene un principio, un desarrollo y un logro. No es solamente un entendimiento intelectual. Hay una experiencia. Cuando la mujer que había estado enferma con flujo de sangre más de dieciiete años logró tocar el borde del manto del Señor, quedó sana al instante.

Y en seguida la fuente de su sangre se secó; y sintió en el cuerpo que estaba sana de aquel azote (Marcos 5.29).

La palabra que se traduce como *sintió* es la misma que se traduce para *conoceréis* en Juan 8.32. Cuando la fuente de la sangre se secó, la mujer *conoció* por experiencia personal en su cuerpo que estaba sana. No lo supo por la fe, sino que lo experimentó en su cuerpo. La verdad de Cristo, de su Palabra, de sus mandamientos, se debe *conocer* de la misma forma en que la mujer supo en su cuerpo que la fuente de sangre se había secado.

Jesús conocía al Padre porque era uno con Él. El Padre conocía al Hijo porque era uno con Él. Conocer la verdad es ser uno con la verdad. Conocer la verdad es experimentarla, entenderla y vivirla. La verdad no es una cosa ni una idea. La verdad es una persona y su nombre es Jesús. Conocer a Jesús es ser uno con su corazón, con sus propósitos, con su persona.

Cuando comienzo a conocer el corazón del Padre a través de la adoración, mi corazón se está preparando para la Palabra. Cuando me arrepiento, vuelvo mi corazón a Dios, me humillo y me someto a su señorío. Mi corazón está listo, es terreno fértil para recibir la iluminación de la Palabra de Dios para mi vida. Note que estoy hablando de la *iluminación* de la Palabra.

En Efesios 1.18-19, el apóstol Pablo explica a los santos qué debemos saber acerca de tres bendiciones que hemos recibido del Padre:

1. «La esperanza a que Él os ha llamado» (v. 18).

2. «Las riquezas de la gloria de su herencia en los santos» (v. 18)

3. «La supereminente grandeza de su poder para con nosotros los que creemos, según la operación del poder de su fuerza» (v. 19).

Estas son verdades gloriosas. Somos llamados a esperanza. La palabra *esperanza* habla de una expectativa firme de cosas buenas. El creyente en Cristo está destinado a vencer, no a ser derrotado. Cristo ha asegurado una herencia para nosotros. Un día, en los cielos, vamos a recibirla. Mientras tanto, el Padre ha dado al Espíritu Santo que está en nosotros como un anticipo. Finalmente, hemos recibido «poder» que fue demostrado en la resurrección de Jesucristo. Tenemos la esperanza que una herencia rica y gloriosa junto al mismo poder que levantó a Jesús de los muertos mora *en* todos los santos.

Conocimiento versus sabiduría

En el capítulo 1 de Efesios el escritor nos habla de las bendiciones en lugares celestiales que tenemos en Cristo. Pero Pablo sabe que por más que lo explique, los de Éfeso no iban a «saber» estas verdades. De ahí su oración:

No ceso de dar gracias por vosotros, haciendo memoria de vosotros en mis oraciones, para que el Dios de nuestro Señor Jesucristo, el Padre de gloria, os dé espíritu de sabiduría y de revelación en el conocimiento de Él, alumbrando los ojos de vuestro entendimiento (Efesios 1.16-18).

En el versículo 18, Pablo habla de los ojos alumbrados, de «ver». Los creyentes en Éfeso necesitaban ver la esperanza, la herencia y el poder. Pero esa vista no era humana. Esa vista la tenemos cuando el Padre nos da revelación y sabiduría en el conocimiento de Jesús el Hijo. Note bien que el Padre no quiere dar revelación ni sabiduría. Quiere darnos «espíritu de sabiduría y revelación en el conocimiento de Él». El Espíritu Santo es el que nos da esto. ¿Y qué es?

- Sabiduría significa conocimiento obtenido a través del estudio.

- Revelación significa el descubrimiento de verdades escondidas, la manifestación, la aparición de algo oculto.

- Conocimiento significa saber a través de la experiencia.

El Espíritu Santo es el único que nos da la habilidad de estudiar la Biblia, nos revela las verdades de la Palabra y nos lleva a la experiencia del conocimiento íntimo de Jesús.

En mi preparación académica teológica obtuve sabiduría. Esto se obtiene a través del estudio sistemático de la Biblia. Pero luego de la renovación, el Espíritu Santo me ha revelado verdades y esas revelaciones me han hecho conocer a Jesús, mi Rey y Señor.

¿Cómo se logra esto? En primer lugar debemos reconocer que nuestra meta primordial es conocer a Cristo, el Hijo de Dios. Mi meta no es la simple adquisición de sabiduría bíblica ni conocimiento de la Palabra. Segundo, Dios quiere revelar sus propósitos en cuanto a mi vida. No vale mucho saber recitar las genealogías, los nombres de Dios y de los apóstoles, si no conozco la voluntad de Dios en cuanto a mi vida. No hay conocimiento teológico que valga si no tengo una relación íntima con mi Padre. Tercero, todo esto es obra del Espíritu Santo. Por lo tanto, sugiero los siguientes pasos:

1. *Antes de estudiar la Palabra de Dios, adore a Dios.* Busque su presencia. Hónrele con sus labios y su corazón.

2. *Rinda su mente y su corazón al Espíritu Santo.* Eche a un lado toda presunción, expectativas y tradiciones del pasado. El Espíritu Santo desea enseñarle cosas nuevas.

3. *Mientras adora, tenga a la mano una Biblia, una concordancia y un diccionario bíblico.* Si el Espíritu Santo pone en su corazón una palabra o una expresión durante la adoración, búsquela en la concordancia, en la Biblia y luego busque el significado de cada palabra en el diccionario bíblico.

4. *Pida revelación.* Cuando estudie el significado de las palabras, pídale al Espíritu Santo que le revele qué significan para su vida.

5. *Mientras estudia, no olvide que la Biblia es una carta de Jesús para usted.* En las palabras de la Biblia, Jesús le está revelando su corazón. Él quiere que le conozca. La Biblia se debe escudriñar para tener más intimidad con Jesús.

6. *Dispóngase al cambio.* El Padre le dará sabiduría, revelación y conocimiento de Cristo; no para que usted sepa, sino para que cambie. Conocer a Cristo es ser uno con Él. El Espíritu Santo nos habla, nos guía a una porción de la Biblia y nos revela el significado. El Espíritu no lo hace para darnos conocimiento bíblico ni para que tengamos una experiencia religiosa o mística. El Espíritu lo hace porque sabe que esa porción, esa verdad, nos hará libres de algo que nos está atando, que está impidiendo el crecimiento, que está desagradando a Dios. Cuando el Espíritu Santo le lleve a una porción bíblica, esté seguro que es para cambiarlo. Cuando el Espíritu me transforma, conozco a Cristo.

A fin de conocerle, y el poder de su resurrección, y la participación de sus padecimientos, llegando a ser semejante a Él en su muerte (Filipenses 3.10).

Pablo deseaba conocer a Cristo. A Cristo lo conocemos cuando experimentamos el poder de la resurrección. Todo lo que es muerte en mi vida debe resucitar. Todo lo que no sirve debe morir y resucitar a una nueva vida. A Cristo lo conocemos cuando participamos en sus sufrimientos. El sufrimiento de Cristo culminó en la cruz. Allí también deben culminar todos nuestros esfuerzos humanos, nuestra carne, nuestra sabiduría y nuestro yo. Así somos transformados a su imagen, sufriendo y resucitando, crucificando todo lo que desagrada a nuestro Padre y rindiéndonos en las manos del mismo Espíritu que levantó a Cristo de los muertos.

De repente, la Biblia se transformó en una espada bien filosa que diariamente cortaba de mí cosas que entristecían al Espíritu Santo. Lo primero que me cortó fue el orgullo. Durante los primeros meses, parecía que casi todos los días terminaba escudriñando la humildad y sometimiento de algún hombre o mujer de la Biblia. La espada del Espíritu realizó en mí una intervención quirúrgica. Tenía un tumor de orgullo. No era altivo, pero no había en mí un corazón humilde, hambriento, necesitado. No corría hacia Dios con desesperación. Rechazaba la sencillez de las experiencias espirituales. Me interesaban las ideas profundas, complicadas. Cuando criticaba la validez de las experiencias espirituales, no lo hacía con un corazón sincero. Las criticaba porque deseaba tenerlas, pero era muy orgulloso para reconocerlo.

Un toque fresco del Espíritu

En estos últimos meses he visto la cantidad de personas en la iglesia que tienen hambre de un toque fresco y renovador del Espíritu Santo. Pero debido a sus posiciones, a sus conocimientos, a su orgullo, no reconocen públicamente su necesidad. Muchas veces, en nuestras concentraciones hacemos una invitación a todos los que desean recibir un toque fresco del Espíritu. Cientos de personas viven hambrientas pese a que reciben gloriosas bendiciones de Dios. Pero algunas veces veo que muchos se conforman con mirar y quedan como simples espectadores. Yo era así. Me conformaba con ser espectador; pensaba que sería una vergüenza pasar al altar para recibir oración frente a la congregación. Olvidaba lo que dice Isaías 66.2:

> Mi mano hizo todas estas cosas, y así todas estas cosas fueron, dice Jehová; pero miraré a aquel que es pobre y humilde de espíritu, y que tiembla a mi palabra.

Podemos lograr grandes cosas para Dios. Esa era también mi motivación. Deseaba lograr lo más grande para Él. Pero Dios no estaba mirando la «gran visión» de mi corazón. Mi corazón temblaba al pensar en los grandes proyectos, en las grandes victorias y en los enormes desafíos, pero no lo hacía ante la sencilla Palabra de Dios. No era pobre y humilde de espíritu. El pobre sabe que no posee nada, que no es nada y que nada puede lograr. El pobre sabe que lo único que le puede ofrecer a Dios es un corazón contrito y humillado y un espíritu quebrantado.

Si usted es así, le animo a que deponga su orgullo. Vuelva su corazón a Dios. Humíllese como un niño. Busque a personas ungidas por el Espíritu Santo. Rodéese de gente de oración. Acérquese a personas que conocen a Cristo por experiencia. Hable con hombres y mujeres con revelación de la Palabra. Converse con personas que reciben constantemente revelación de la Biblia. Aliméntese con enseñanzas de maestros bíblicos que dan explicaciones frescas, relevantes, a su vida. Únase a los pobres de espíritu, a los que tiemblan y lloran ante la Palabra de Dios. Ellos son los «necios» que escogió Dios para avergonzar a los sabios; ellos son los «débiles» que escogió Dios para avergonzar a los fuertes.

Los discípulos eran hombres humildes. Pero habían estado con Jesús. Se habían «contagiado» no con el conocimiento intelectual sino con el entendimiento espiritual de la Palabra de Dios. Los hombres de David también eran humildes. Eran guerreros afligidos, endeudados y amargados de espíritu (1 Samuel 22.2). En 2 Samuel capítulo 23, la Biblia nos dice que estos «valientes» hicieron proezas militares enfrentándose a imposibles y hasta destruyendo a gigantes (2 Samuel 21.22)

La unción de David cambió a aquellos hombres afligidos, transformándolos en destructores de gigantes. La unción de Jesús convirtió a aquellos humildes pescadores sin letras en expertos en la Palabra.

No lea cualquier literatura cristiana. Lea libros escritos por personas que demuestren tener una experiencia genuina y personal con Dios. Hay muchos autores que escriben porque han investigado un tópico, porque han analizado y estudiado temas y pueden presentar ideas al respecto. Pero hay algunos que realmente pueden escribir de Dios porque, al igual que los discípulos, «han estado con Jesús». Procure leer libros de hombres y mujeres que hayan estado con Dios. Quizá esos libros no serán buenas obras literarias ni buenos escritos teológicos. Posiblemente sean ideas originadas en sus experiencias con Dios, verdades que fueron inspiradas durante momentos íntimos con el Maestro. Esos eran los libros que no me interesaban, libros «devocionales».

Ahora esos libros son mi dieta diaria. Me deleito leyendo de otros hombres y mujeres que han experimentado las profundidades de Dios. Estos libros me han llevado a querer conocer y buscar más a Dios. Me han motivado no solamente a estudiar la Biblia, sino a conocer al Dios de la Biblia. Cuando estos escritores hablan de las verdades de Dios y citan pasajes bíblicos, léalos, no los pase por alto. Comprobará que son pasajes que ayudan. Verá que los conducirán a otros pasajes, otras referencias bíblicas. Use una Biblia de estudio. Le recomiendo la *Biblia Plenitud*.

En ella encontrará definiciones de palabras clave, mensajes inspiracionales de hombres y mujeres de profunda experiencia con Dios. Muchas veces los comentarios, definiciones y explicaciones de los pasajes bíblicos me han motivado a profundizar más en el estudio y la investigación de algún tema. Pero el estudio me ha llevado al conocimiento y a la experiencia de la voluntad de mi Padre celestial, la gracia del Señor Jesús y la comunión con el Espíritu Santo. Sin esta dimensión, mi conocimiento es simplemente «letra muerta», no «vida». Sin esta dimensión, conozco la palabra *logos*, pero no he experimentado la palabra *rhema*. La fe viene por el oír la Palabra *rhema* de Dios. Jesús dijo que el hombre vivirá de toda palabra *rhema* que sale de la boca de Dios.

Entonces Pedro se acordó de las palabras de Jesús, que le había dicho.

Palabra de consolación
Pedro no recordaba lo que había oído de Jesús. No entendía las Escrituras, ni las profecías del Antiguo Testamento acerca de lo que estaba sucediendo. Durante el arresto, el juicio, la crucifixión y la resurrección de Cristo no se acordó de las Escrituras. Pero en el momento más negro y triste de su vida, se acordó de la palabra *rhema* de Jesús: «Antes que cante el gallo, me negarás tres veces» (Mateo 26.7). La palabra que Jesús le había hablado era vida. Había salido de la boca de Dios. En el momento en que la oyó por primera vez, Pedro reaccionó emotivamente. El discípulo agresivo respondió que nunca traicionaría a Jesús. Pero aquella palabra, fue depositada en el corazón de Pedro sin que él se diera cuenta. En aquel preciso momento de traición, la palabra se vivificó en su corazón y produjo lágrimas de arrepentimiento. Aquella palabra de Jesús produjo vida y fe en Pedro. Este no lloró porque se sintiera mal, sino porque la palabra *rhema* lo enfrentó con su traición. Pero también

recordó que después que Jesús habló la palabra *rhema* de su falla (Juan 13.38), inmediatamente pronunció la palabra *rhema* de consolación:

No se turbe vuestro corazón; creéis en Dios, creed también en mí (Juan 14.1).

Muchos años después, este mismo hombre declararía estas palabras:

Porque toda carne es como hierba, y toda la gloria del hombre como flor de la hierba. La hierba se seca, y la flor se cae; mas la palabra [*rhema*] del Señor permanece para siempre. Y esta es la palabra que por el evangelio [las buenas nuevas] os ha sido anunciada (1 Pedro 1.24-25).

11 El ministerio: La fragancia de Cristo

Lo último que el Espíritu Santo renovó en mi vida espiritual fue mi ministerio. El Espíritu de Dios se dedicó a cambiar mi vida espiritual privada y luego cambió la pública.

Primera de Tesalonicenses 5.23-24 menciona a Dios como Dios de paz:

> Y el mismo Dios de paz os santifique por completo; y todo vuestro ser, espíritu, alma y cuerpo, sea guardado irreprensible para la venida de nuestro Señor Jesucristo. Fiel es el que os llama, el cual también lo hará.

La paz entre Dios y el creyente está basada en la salvación que Cristo ha hecho y consumado a nuestro favor. Por eso, Dios nos santifica, nos separa y dedica para Él, para su servicio y para su gloria. Él nos santifica. Nosotros no podemos santificarnos.

La santificación del creyente no es una opción, una condición ni una posibilidad, es una promesa de Dios. Nos separará para Él *por completo*, para su servicio, su honra y su gloria perfecta y completa.

Los planes santificadores de Dios

El pasaje continúa diciendo que Dios santificará «todo vuestro ser». Dios promete santificar completamente todo aspecto de nuestro ser: espíritu, alma y cuerpo. Sin embargo, Dios no nos santifica por parte. El hombre es una unidad.

Cuando Dios santifica, renueva espíritu, alma y cuerpo íntegramente.

Sin embargo, comienza por el espíritu. Lo que cambia en el espíritu del hombre repercute en su alma y luego afecta su cuerpo. Dios nos quiere santificar para que seamos instrumentos en sus manos perfecta y completamente. ¿Por qué lo hace? Primero, porque Él es fiel, firme, seguro y no cambia. Podemos confiar en Él. No nos santifica porque estemos haciendo algo que inspire confianza, sino porque está seguro de que su propósito será logrado a través de nuestras vidas. Segundo, lo hace porque Él nos llama. Note que este pasaje expresa acción continua. Dios está llamándonos continuamente con voz fuerte y por nombre, y promete que nos santificará completa y perfectamente en espíritu, alma y cuerpo.

Lo que Dios comenzó a hacer gradualmente en mi hombre interior se reflejó en mi comportamiento exterior. Dios renovó todo mi ser por completo. Lo que sucedió en mi vida devocional, mi vida de adoración, mi relación íntima con Dios, se comenzó a manifestar en el trabajo, en mi hogar, en mi iglesia y en mis relaciones con los demás.

El ministerio es una consecuencia de la obra de Dios en nuestra vida espiritual privada. Muchos creen que un puesto en el ministerio cambia nuestra relación íntima y privada con Dios. No es así. El ministerio es uno de los frutos de una relación íntima y amorosa con Dios. En esa relación recibimos el conocimiento y la revelación de Jesús, aprendemos a reconocer la voz del Espíritu, recibimos las riquezas que luego testificaremos a otros en la obra del ministerio. Sin esa relación, no tenemos nada de Dios que dar.

En 2 Corintios, Pablo nos ilustra lo que es un verdadero ministerio que se desprende de una relación íntima con Cristo. El apóstol recibió órdenes del Espíritu Santo de partir hacia Macedonia. Pablo hizo preparativos para viajar, pero no para viajar solo. Él sabía que en los viajes misioneros siempre iba a parar a la cárcel, y tenía que sufrir persecución, azotes y torturas. Esperaba salir hacia Macedonia en compañía de Tito, a quien llama «mi hermano». Pero al llegar al puerto de Troas no encontró a Tito. Así lo relata:

Cuando llegué a Troas para predicar el evangelio de Cristo, aunque se me abrió puerta en el Señor, no tuve reposo en mi espíritu por no haber hallado a mi hermano Tito; así, despidiéndome de ellos, partí para Macedonia (2 Corintios 2.12-13).

Pablo tuvo que salir solo. El llamado a Macedonia le había llegado a través de una visión. Se había producido porque Pablo tenía una relación íntima con Dios. Pero de repente se ve que debe partir solo y sin reposo en su espíritu.

La victoria es segura A pesar de que no tenía reposo en su espíritu, Pablo sabía que podía depender de Dios, quien lo llevaría en triunfo, como afirma en 2 Corintios 2.14:

Mas a Dios gracias, el cual nos lleva siempre en triunfo en Cristo Jesús.

La expresión «llevar en triunfo» se usaba para referirse a la recepción que los ejércitos recibían al volver victoriosos de una guerra. Toda la población salía a recibir a los soldados que volvían de una victoria militar, cargados de trofeos, tesoros, botines. Pablo declara que a pesar de que iba solo y sabía que lo iban a perseguir, podía dar gracias a Dios con antelación por la victoria del evangelio que celebrarían en Macedonia.

Note bien que Pablo aclara que esta celebración de victoria no era solo en algunas ocasiones. Dios lo llevaría a triunfar siempre, porque «por medio de nosotros manifiesta en todo lugar el olor de su conocimiento» (2 Corintios 2.14).

En otras palabras, Pablo afirma que en todo lugar donde llega un enviado suyo, Dios se manifiesta por diversos canales para hacer visible algo que antes era invisible: «el olor de su conocimiento» (2 Corintios 2.14).

En el recibimiento que se les daba a los ejércitos que volvían victoriosos de la guerra, la ciudad preparaba una celebración muy bien elaborada. La mayoría de la gente recibía a los soldados con flores, con incienso que perfumaban el ambiente de celebración. Los soldados sabían que se estaban acercando a la celebración por el aroma de flores e incienso que se podía percibir a la distancia. Cuando llegaban a la ciudad, la gente lanzaba gritos de victoria y de bienvenida. El aroma era símbolo de victoria y evidenciaba que habían llegado a su ciudad, a sus familias y a la recompensa que habrían de recibir por la victoria.

Pablo nos explica que en el ministerio, Dios nos usa como canales para manifestar el aroma de su conocimiento con el propósito de que otros le conozcan. Los enviados de Dios son los únicos que pueden ser usados como canales para que el aroma de la victoria de Jesucristo se manifieste.

La Biblia habla de la entrada triunfal de Cristo:

Anulando el acta de los decretos que había contra nosotros, que nos era contraria, quitándola de en medio y clavándola en la cruz, y despojando a los principados y a las potestades los exhibió públicamente, triunfando sobre ellos en la cruz (Colosenses 2.14-15).

Cristo tuvo su entrada triunfal contra el pecado, contra los principados y potestades en la cruz. Aunque sabemos muy bien que nuestro Salvador sufrió la muerte más cruel que un ser humano puede experimentar, aquellas seis horas de crucifixión fueron un victorioso desfile triunfal de Cristo en su guerra contra el juicio de Dios por causa de nuestros pecados. Cristo avergonzó públicamente a los principados y potestades que nos esclavizaban. Cuando nuestro pecado fue anulado en la cruz, Cristo venció y usted y yo vencimos también. El acta de nuestros crímenes contra Dios fue anulada, quitada del medio y clavada en la cruz. Nuestros acusadores, el diablo y sus principados, también tenían actas contra nosotros. Cristo los despojó de ellas. Ya no hay acusaciones contra los que estamos en Cristo Jesús.

El aroma de la presencia divina

Cuando un enviado de Dios llega a un sitio, el mismo aroma se hace manifiesto. Es el aroma del triunfo que Cristo logró en la cruz cuando eliminó nuestras culpas y pecados y despojó a los principados de toda acusación con que legalmente nos tenía esclavizados a las fuerzas de las tinieblas.

Pero hay algo más. Cuando los soldados victoriosos se acercaban a la ciudad y percibían el aroma de las flores, otro grupo de personas llegaban con ellos. Detrás de los soldados victoriosos llegaban los soldados derrotados, los esclavos, los condenados a la cárcel o a la muerte. El aroma que entusiasmaba a los soldados victoriosos aterrorizaba a los prisioneros de guerra. Para los vencedores proclamaba triunfo, victoria y honra. Para los prisioneros, cárcel, castigo y muerte.

Cuando Dios manifiesta el aroma de la victoria de Cristo en la cruz, el enemigo también percibe el aroma de su derrota. En el aroma de Cristo, manifestado a través de los enviados, Dios da a conocer a Cristo. Los que nos rodean conocen a Cristo, no porque los convenzamos con palabras floridas ni argumentos bien preparados, sino porque el aroma de la victoria de Cristo da a conocer «en todo lugar» al Salvador victorioso. «Porque para Dios somos grato olor de Cristo en los que se salvan, y en los que se pierden; a éstos ciertamente olor de muerte para muerte, y a aquéllos olor de vida» (2 Corintios 2.15-16).

Los perdidos se salvan cuando se manifiesta el aroma de Cristo a través de los que son enviados por Dios a todo lugar. Pero Pablo lanza una interrogante:

Y para estas cosas, ¿quién es suficiente? Pues no somos como muchos, que medran falsificando la palabra de

Dios, sino que con sinceridad, como de parte de Dios,
y delante de Dios, hablamos en Cristo (2 Corintios 2.16-
17).

Nadie es suficiente para manifestar ese aroma. Dios
es el que lo manifiesta. Pero aquí vemos que Dios lo manifiesta en la vida de quienes saben que no son capaces
de manifestarlo, que con sinceridad hablan de parte de
Dios, delante de Dios y en Cristo. Quiero, por tanto, se-
ñalar algunas cosas.

1. En el ministerio, nos debemos sentir incapaces o
insuficientes ante la Magnificencia de nuestro Dios. Los
insuficientes saben que necesitan ayuda y socorro de Él.
Cuando Dios les brinda protección, triunfan.

2. *En el ministerio, debemos ser sinceros.* El adjetivo sincero se aplica a lo que se ve puro aun a la luz del sol.
Sincera es la persona cuyas motivaciones y testimonio bri-
llan por su pureza aun cuando es sometida a intenso es-
crutinio.

3. *En el ministerio, debemos hablar de parte de Dios.* Somos simples mensajeros. Cuando el cartero llega a su casa
con una carta, usted no celebra su llegada. Usted no esperaba al cartero, sino la carta que traía. Cuando usted va
a un restaurante, no celebra al camarero sino el plato que
le sirve. Nosotros somos simplemente los carteros que en-
tregan la correspondencia de las buenas nuevas al mundo.
Somos los camareros que sirven la deliciosa comida del
pan de vida. La celebración, la honra y la fiesta son para
el que envió la carta: Jesús. La fiesta es para el pan de
vida: Jesús.

4. *En el ministerio, hablamos delante de Dios.* El ministerio es ejecutado bajo la mirada de Dios. Esto debe provo-
car en nosotros un temor reverencial. Todo lo que
hacemos, decimos y pensamos, lo hacemos ante los ojos
de Dios. Un día tendremos que dar cuenta de lo que hemos hecho.

5. *En el ministerio, debemos hablar «en Cristo»*. En el capítulo 4, Pablo describe lo que significa hablar en Cristo.

a. Hablar en Cristo es hablar del nuevo pacto, no del viejo pacto (v. 6).

b. Hablar en Cristo es hablar del ministerio del Espíritu Santo que es vida, no de la ley que es muerte (vv. 6,8).

c. Hablar en Cristo es hablar de justificación, no de condenación (v. 9).

d. Hablar en Cristo es hablar de la libertad en el Espíritu del Señor (v. 17).

e. Hablar en Cristo es hablar de la transformación del creyente a la imagen de Cristo por el Espíritu Santo (v. 18).

Dios nos promete que el aroma de Cristo emanará de nosotros siempre, en todo lugar, cuando hablemos en esta manera. Si no lo hacemos, medramos falsificando la Palabra de Dios. Medrar es lucrar, obtener ganancias. Estas son las características de los que falsifican la Palabra de Dios:

a. Hacen alarde de sus talentos, de sus habilidades.

b. Al ser expuestos a la luz no reflejan pureza. Lo que dicen no se confirma con lo que viven.

c. No hablan de parte de Dios, sino que hablan según sus intereses y sus opiniones humanas.

d. Cuando hablan, tratan de complacer a las personas, o de ajustarse a sus ideales y políticas.

e. Hablan de obligaciones, cargas, yugos, legalismos y sacrificios externos para adquirir el favor de Dios. No hablan de la gracia, del nuevo pacto ni de la obra consumada por Jesús en la cruz.

f. No enseñan acerca de la obra del Espíritu Santo que nos transforma de gloria en gloria. Enseñan que la transformación se logra a través de esfuerzos humanos y sometimiento a dogmas eclesiásticos.

Los que corrompen la Palabra de Dios siempre se opondrán a los que desean esparcir el aroma del conocimiento de Cristo. Pablo nos recuerda lo siguiente:

Esta leve tribulación momentánea produce en nosotros un cada vez más excelente y eterno peso de gloria; no mirando nosotros las cosas que se ven, sino las que no se ven; pues las cosas que se ven son temporales, pero las que no se ven son eternas (2 Corintios 4.17-18).

¡Qué poderosa verdad! Algunas personas se han opuesto a mi ministerio, pero esa oposición ha producido un peso de gloria en mi vida. Ponerme a resistir, a discutir, a quejarme, es ponerme a mirar las «cosas que se ven». Pero pasar por alto las acusaciones, las críticas y los ataques, es poner la mirada en lo que no se ve, en lo que el Espíritu Santo está haciendo. Él está haciendo una obra invisible en el corazón de los creyentes hambrientos, y produciendo un peso de gloria que no tiene que ver con lo que se percibe. Dios está transformando a su pueblo porque quiere esparcir el aroma de la victoria de Cristo en la cruz.

En muchos lugares, debido a que la Palabra de Dios se ha corrompido, el mundo percibió el aroma de las estructuras eclesiásticas. Miles han salido por los países del mundo con el mensaje de esta iglesia o de aquella ideología religiosa. Miles han salido a difundir la doctrina oficial de su organización. Los que corrompen la Palabra de Dios no soportan otras ideologías, y atacan y critican a los demás con alardes de que son los verdaderos expositores de la revelación de Dios.

Los que esparcen el aroma de Cristo no miran lo temporal. Están demasiado ocupados en conocer de Jesús. Están determinados a conocer a Cristo en «el poder de su resurrección, y la participación de sus padecimientos, llegando a ser semejantes a Él en su muerte» (Filipenses 3.10). Saben que el aroma de Cristo emana de una vida que conoce por experiencia a Cristo. De la relación secreta y privada con Él brota su aroma.

El ministerio de los levitas Dios separó
a los miembros de la tribu de Leví para que fueran sus
ministros, sus siervos:

En aquel tiempo apartó Jehová la tribu de Leví para
que llevase el arca del pacto de Jehová, para que estu-
viese delante de Jehová para servirle, y para bendecir
en su nombre, hasta hoy (Deuteronomio 10.8).

El ministerio estaba definido así:

1. *Debían llevar el arca del pacto sobre los hombros.* Los
levitas llevaban el arca que les recordaba el pacto eterno
que Jehová había hecho con su pueblo. Cada vez que Israel veía a los levitas con el arca, recordaban y celebraban
el pacto que Dios hizo con Abraham y que confirmó por
medio de Moisés. El arca era la manifestación visible del
pacto que incluía la promesa de la presencia de Jehová en
medio de su pueblo.

Los levitas no tenían que decir una sola palabra. Simplemente debían cargar el arca, recordatorio del pacto. De
esta manera exaltaban a Dios y declaraban sin palabras
que Él estaba con su pueblo.

Los siervos de Dios no cargamos *sobre* nosotros el recordatorio del pacto de Dios con su pueblo. Lo cargamos
en nosotros. Nuestro recordatorio no es un arca, sino las
arras de nuestra herencia, el Espíritu Santo. Él es la garantía de que somos aceptos en el Amado, de que el Padre
ha aceptado el sacrificio de Cristo en nuestro lugar y de
que tenemos vida eterna.

Ahora cada siervo es un arca. Cada siervo o sierva de
Dios que camina por la vida es un recordatorio vivo del
pacto consumado en la cruz para vida eterna.

2. *Estar delante de Jehová.* Los siervos de Dios están llamados a estar, a habitar, a morar siempre delante de Dios.
Habitar es establecer morada permanente. Los siervos y
siervas de Dios están llamados a habitar permanentemente

en la presencia de Dios. Esto es en realidad lo que dice Pablo al declarar: «Hablamos delante de Dios».

3. *Para servirle*. Los siervos habitan en la presencia de Dios para servirle. Los levitas le ofrecían sacrificios de animales y sacrificios de granos. Ahora se nos exhorta a que «ofrezcamos siempre a Dios, por medio de Él, sacrificio de alabanza, es decir, fruto de labios que confiesan su nombre. Y de hacer bien y de la ayuda mutua no os olvidéis; porque de tales sacrificios se agrada Dios» (Hebreos 13.15-16).

Los siervos de Dios habitan en su presencia alabándolo, adorándolo, haciendo el bien a otros y ayudando a los necesitados. Cada vez que alabamos y adoramos a nuestro Dios por lo que hizo en Cristo, ofrecemos un sacrificio. Cada vez que hacemos el bien, lo correcto, lo justo, ofrecemos sacrificio. Cada vez que ayudamos al necesitado, ofrecemos sacrificio y servimos a Dios.

El ministerio más sublime del siervo de Dios no es el de predicar, ni el de cantar, ni el de hacer buenas obras a la vista de la gente. La Biblia nos enseña que la labor más sublime es la de ministrar a Dios. Cuando ayudamos a un necesitado a vista de todos, lo hacemos para el necesitado. En cambio, cuando alabamos, hacemos el bien y ayudamos a los demás no para ser vistos, estamos ministrando a Dios. Estamos ofreciendo sacrificio a Dios.

4. *Para bendecir en su nombre*. La más noble responsabilidad del siervo es bendecir a otros en el nombre de Dios. La bendición a otros es fruto de los momentos pasados en la presencia del Señor. La bendición a otros emana de una vida de alabanza y adoración al Señor, de una vida de comunión con Dios. La bendición a otros fluye de una vida que hace el bien y ayuda a los necesitados. El siervo de Dios bendice a otros tal como enseña Pablo que ha sido bendecido:

Bendito sea el Dios y Padre de nuestro Señor Jesucristo, que nos bendijo con toda bendición espiritual en los lugares celestiales en Cristo (Efesios 1.3).

Las bendiciones de Efesios 1 En el capítulo 1 de Efesios, Pablo nos enseña que el Padre nos bendijo en Cristo Jesús. Esto implica varias cosas.

1. *Nos escogió en Él antes de la fundación del mundo.* Escoger significa llamar por nombre. Él nos llamó, sabiendo que un día aceptaríamos a Cristo.

2. *Nos escogió para ser santos y sin mancha delante de Él.* El propósito de nuestra vida es vivir separados para Dios y sin mancha para su honra y gloria.

3. *Nos predestinó en amor para ser hijos adoptivos.* En este contexto predestinar es planificar. Él planificó nuestra vida para que fuéramos hijos suyos. A pesar del pecado, Dios tenía planificado no condenarnos, sino adoptarnos.

4. *Nos hizo aceptos en el Amado.* La palabra traducida «aceptos» a veces se traduce «muy favorecidos». Aparece solo aquí y en Lucas 1.28, donde dice: «Y entrando el ángel en donde ella estaba, dijo: ¡Salve, *muy favorecida!* El Señor es contigo; bendita tú entre las mujeres». El ángel declara que María es muy favorecida, llena de gracia, rodeada del favor de Dios, honrada. Efesios 1.6 dice de acuerdo a la traducción de «aceptos» que los que están en Cristo son muy favorecidos al igual que María. Aceptos en el Amado significa que el Padre nos ama con el mismo amor que le tiene a su Hijo Jesús y oye nuestras oraciones con la misma atención que pone a la oración de Jesús.

5. *Tenemos redención por su sangre.* Es una redención continua. En cualquier momento podemos reclamar el perdón de nuestros pecados. Es un perdón que brota de las riquezas de su gracia. Es un favor inmerecido que nos concede Dios.

6. *Hizo sobreabundar sabiduría e inteligencia*. El creyente es la persona más sabia e inteligente simplemente porque conoce a Cristo Jesús y ha recibido toda bendición espiritual en lugares celestiales. No poseemos sabiduría ni inteligencia terrenal, pero nuestra sabiduría avergüenza a los sabios del mundo. Hemos conocido el misterio de su voluntad que había sido escondido. El misterio es que el Padre iba a reunir todas las cosas en Cristo, en quien todo propósito de Dios fue revelado.

7. *Recibimos herencia, siendo sellados con el Espíritu Santo, las arras de dicha herencia*. Un día tomaremos posesión de la totalidad de nuestra herencia. La herencia del creyente es la que el Padre tiene preparada para su Hijo Jesús. Él nos ha hecho coherederos de su gloriosa herencia. Mientras tanto, el Padre nos ha dado un adelanto, una primera cuota de ese patrimonio. Ese adelanto, esa primicia, es la persona del Espíritu Santo, el Consolador.

Los siervos de Dios deben declarar esta bendición que el Señor ha concedido a su pueblo. Algunos se han especializado en hacer recordar las amenazas, los peligros. Sin embargo, los siervos de Dios han sido puestos para bendecir al pueblo en el nombre de Aquel que nos bendijo con toda bendición espiritual. Un barco llega a su destino cuando la tripulación conoce perfectamente la ruta y el puerto final. Si solamente conocen las rutas que no conducen al puerto, no llegarán a destino. Si solo se les habla de amenazas y peligros, se quedarán en el mismo lugar por temor a equivocarse.

Cristo es exaltado

Luego de seis meses de continua renovación, decidí celebrar cultos de alabanza y adoración. En los programas radiales había notado que luego de la adoración y la predicación de la Palabra, el Espíritu Santo salvaba, redargüía, sanaba, liberaba. Aprendimos que lo primordial era ministrar al Señor con alabanza y adoración. Después Él se encargaba de tocar las necesidades de su pueblo.

Comenzamos las concentraciones. Organizamos un grupo de alabanza y adoración formado por hermanos de ambos sexos que trabajan en nuestra emisora. Estos siervos de Dios habían estado aprendiendo conmigo a ministrar al Señor primeramente. En estos últimos años hemos celebrado cultos de alabanza y adoración en nuestra región y en el exterior. Dios se ha glorificado; muchos han recibido salvación, milagros y, lo que más me entusiasma, sus vidas han cambiado con el toque de la unción del Espíritu Santo.

¿Qué había de diferente? No cambió el mensaje. No cambió la música. Cambió mi vida íntima con Dios. Cambió mi relación con Dios. El Espíritu Santo me permitió conocer a Cristo como nunca antes lo había conocido. Esa experiencia me llevó a la unción, a la fragancia de Cristo. De los momentos íntimos de adoración a mi Señor y Rey ha salido una férrea determinación de mi parte de no aceptar honra de nadie. La honra y la gloria deben ser exclusivamente para Jesús. El Padre lo desea así. El Espíritu Santo nos dirige a hacerlo. Jesús debe ser adorado y exaltado en todo. Y cuando Él es exaltado, se manifiestan su aroma, su vida, su poder y todos los beneficios de su sacrificio en la cruz.

Cuando se exalta a Cristo y la fragancia de la victoria de la cruz se manifiesta, Satanás huye, las enfermedades desaparecen, el pecado es anulado, la sangre de Cristo limpia y hasta la muerte es reprendida. Este principio no lo aprendí en el instituto bíblico ni en el seminario. Esta verdad la aprendí en la intimidad de la oración, adoración y comunión con Cristo.

Aprendí que en los momentos de adoración, el Espíritu Santo transforma y cambia. Aprendí que en los momentos de comunión, el Espíritu Santo forma a Cristo en nosotros. En los momentos de adoración me rindo a los pies del Rey Jesús y el Espíritu Santo cumple la promesa que el Salvador nos dejó:

> Él me glorificará; porque tomará de lo mío, y os lo hará saber. Todo lo que tiene el Padre es mío; por eso dije que tomará de lo mío, y os lo hará saber (Juan 16.14-15).

> De cierto, de cierto os digo, que todo cuanto pidiereis al Padre en mi nombre, os lo dará (Juan 16.23).

Jesús dijo que el Espíritu Santo tomaría de lo suyo. El Espíritu toma todo lo que tiene el Padre, todo lo que tiene Cristo y lo da a conocer. El Espíritu toma las bendiciones espirituales en Cristo y las declara en mi vida. El Espíritu toma toda bendición espiritual (las siete bendiciones de Efesios 1) y las declara, las anuncia a mi vida. Por eso, tenemos el privilegio de pedir al Padre en el nombre de Jesús. Cuando pedimos que el Padre nos bendiga según las bendiciones que están en Cristo, el Espíritu Santo las declara a nuestras vidas y las recibimos.

En cada momento que separamos para adorar y comunicarnos con nuestro Dios, el Espíritu Santo nos anuncia todas las bendiciones que el Padre nos ha dado en Cristo. El Espíritu Santo no solamente anuncia la bendición, sino que la ejecuta en nuestra vida. Por eso Pablo escribió:

> Por esta causa doblo mis rodillas ante el Padre de nuestro Señor Jesucristo, de quien toma nombre toda familia en los cielos y en la tierra, para que os dé, conforme a las riquezas de su gloria, el ser fortalecidos con poder en el hombre interior por su Espíritu; para que habite Cristo por la fe (Efesios 3.14-17).

El Padre desea darnos fortaleza con poder a través del Espíritu para que Cristo se establezca permanentemente en nuestra vida. Cuando Él se establece, su reino y su gobierno se establecen, su poder se manifiesta, su gloria resplandece, su paz lo domina todo y su amor nos consuela.

De todo corazón nos unimos a la exclamación del apóstol:

Y a Aquel que es poderoso para hacer todas las cosas mucho más abundantemente de lo que pedimos o entendemos, según el poder que actúa en nosotros, a Él sea gloria en la iglesia en Cristo Jesús por todas las edades, por los siglos de los siglos. Amén (Efesios 3.20-21).

Un ministerio con poder El ministerio público es el resultado de la comunión íntima con Dios. Luego que Cristo se establece en nuestra vida, el Espíritu nos fortalece y el Padre nos da un poder para ministrar que va mucho más allá de lo que pudiéramos lograr con nuestras oraciones y nuestro entendimiento.

En nuestros cultos de adoración y alabanza aprendimos lo siguiente:

1. *Todo culto es para el Señor.* Todo lo que decimos y hacemos es para la gloria y honra de Jesús. Toda palabra, toda música, toda actividad debe glorificar a nuestro Señor como si Él estuviera sentado en la plataforma para recibir la honra. Todo lo que no cumple con ese propósito lo desechamos. Lo primordial en cada ministerio es glorificar y honrar al Señor.

2. *La función del ministro es guiar a la congregación a fijar la mirada en Cristo.* A través de la música, la predicación, los testimonios, la oración, cualquier actividad, guiamos a los que nos escuchan a depositar su fe en Cristo Jesús, el autor y consumador de nuestra fe. Si no hacemos esto y dirigimos la atención de la gente al hombre, a los talentos, a las circunstancias, a las ideologías, estamos dejando que esas cosas ocupen el lugar que únicamente pertenece a Cristo. Solo aquellos siervos que han puesto la mirada en Cristo pueden guiar a otros a fijar los ojos en Él.

3. *Cuando fijamos la mirada en Cristo y glorificamos su nombre, el Espíritu Santo toma todo lo de Él, lo declara y lo manifiesta en nuestra vida.* Cuando una persona enferma,

cargada, deprimida, entra en un sitio donde se le anima a poner su fe en Cristo, olvidándose de su problema, el Espíritu Santo se encarga de ministrarle. Nuestra función es guiar a la gente a poner su fe en Cristo. Cuando testificamos a los inconversos, dirigimos a la persona a confiar en Jesús, el único Salvador. En el momento en que esa persona recibe a Jesús por fe, es salva. Cuando oramos por alguna necesidad, dirigimos al necesitado a confiar en Jesús, nuestro proveedor. En el momento en que esa persona pone sus cargas sobre Cristo y por fe confiesa que sus circunstancias han quedado en manos del Señor, recibe liberación y consuelo. Cuando declaramos la Palabra de Dios a una congregación o a una persona, estamos dirigiendo al que escucha a confiar en las promesas de Cristo, la palabra viva. En el momento en que los que reciben el mensaje creen que la palabra es para ellos, las promesas se cumplen en sus vidas.

4. *La función del ministro es «desaparecer», menguar, para que Jesús crezca.* La función de todo siervo de Dios es guiar a la gente a Cristo. Somos siervos, mensajeros. Él es el mensaje. Lo más importante es el mensaje. El mensajero desaparece una vez que el mensaje es declarado. Mientras seamos el centro de atención, Jesús no lo será y el Espíritu Santo se contristará. Cuando cesamos de ser el centro de atención y glorificamos a Cristo, el Espíritu Santo se regocija y toma todo lo de Cristo y lo ejecuta en nuestras vidas.

En estos días muchos hablan de unción. La unción es un regalo de Dios. La unción es el derramamiento de la gracia de Dios sobre una vida con el específico propósito de bendecir a otros. Es la manifestación del poder de Dios para la realización de una misión divina. Cuando Dios nos envía a una misión, derrama su unción en nosotros para lograr el resultado que desea.

La presencia de Dios y la unción son distintas. La presencia del Señor es dada a la Iglesia y a todo creyente a través de la persona del Espíritu Santo que mora en la vida de cada hombre y mujer nacido de nuevo. La unción es el poder de la presencia de Dios en nuestra vida. Ese poder viene cuando Dios nos envía a realizar una misión en su nombre. Su promesa fue: «Recibiréis poder, cuando haya venido sobre vosotros el Espíritu Santo, y me seréis testigos en Jerusalén, en toda Judea, en Samaria, y hasta lo último de la tierra» (Hechos 1.8).

Primero llegó el Espíritu Santo, la presencia del Cristo victorioso en nuestras vidas. Luego, el poder para ser testigos hasta lo último de la tierra. Ser testigos significa hablar de lo que Cristo representa en nuestra vida. Ser testigos es afirmar que lo que Cristo logró será una realidad en la vida de los que oyen. Esto solo lo podemos hacer cuando el Espíritu Santo nos da poder. No podemos ser testigos sin poder. El mundo creerá si los testigos de Jesús hablan y demuestran la realidad de Cristo con poder, con unción.

El libro de los Hechos nos describe cómo un puñado de hombres y mujeres lograron evangelizar a sus comunidades, ciudades, naciones y a casi todo el mundo conocido mediante la unción del Espíritu Santo.

¿Cómo se recibe esta unción?

Varias cosas vemos en el grupo de hermanos que recibió la unción al derramarse por primera vez el Espíritu Santo sobre la Iglesia.

1. *Estaban unánimes, juntos*

Los ciento veinte se fueron a orar al aposento alto mientras esperaban la llegada del Espíritu Santo. No hay unción sin oración. Esta no llega porque alguien ore por nosotros; sino cuando obedecemos la orden de Cristo de esperar anhelantes y en oración, que el Padre nos unja con poder para ser testigos.

2. *Pedro se puso de pie*

Inmediatamente después de recibir la plenitud del Espíritu Santo, los apóstoles tuvieron la primera oportunidad de testificar. Al formarse una multitud de curiosos, Pedro se puso de pie con los once y habló. El mismo discípulo que había negado a Cristo pocos días antes, predicó un mensaje tan poderoso, tan ungido, que la Biblia dice: «Al oír esto, se compungieron de corazón, y dijeron a Pedro y a los otros apóstoles: Varones hermanos ¿qué haremos? (Hechos 2.37).

3. Hablaban en el nombre de Jesucristo

Pedro les dijo: Arrepentíos, y bautícese cada uno de vosotros en el nombre de Jesucristo para perdón de los pecados; y recibiréis el don del Espíritu Santo (Hechos 2.38).

La unción y el poder del Espíritu Santo se manifiestan cuando hablamos en el nombre de Jesús. Hablar en el nombre de Jesús es hablar en el lugar de Cristo con la autoridad de Cristo. Decimos lo que Él dice y hacemos lo que Él hace. Esto es fundamental en los siervos ungidos. No expresan sus opiniones, no proyectan sus talentos y personalidades y no reciben honra. Han aprendido a exaltar a Cristo en todas sus palabras y hechos.

4. Perseverar en el cuerpo de Cristo

Y perseveraban en la doctrina de los apóstoles, en la comunión unos con otros, en el partimiento del pan y en las oraciones (Hechos 2.42).

La unción se mantiene con la constante obediencia a la Palabra de Dios y el sometimiento a las autoridades establecidas en la iglesia. La unción se mantiene cuando las relaciones entre hermanos y compañeros son claras y sinceras. La unción se mantiene cuando somos miembros de un cuerpo local, una iglesia donde juntos celebramos la Santa Cena en obediencia al mandato de hacerlo hasta que Él venga. También se mantiene orando.

Y sobrevino temor a toda persona; y muchas maravillas y señales eran hechas por los apóstoles (Hechos 2.43).

Estos son los frutos que producen la unción en el ministerio de los siervos y siervas de Dios.

12 La gloria postrera

En Efesios 1.17-19, el apóstol Pablo ora: «Que el Dios de nuestro Señor Jesucristo, el Padre de gloria, os dé espíritu de sabiduría y de revelación en el conocimiento de Él, alumbrando los ojos de vuestro entendimiento, para que sepáis cuál es la esperanza a que Él os ha llamado, y cuáles las riquezas de la gloria de su herencia en los santos, y cuál la supereminente grandeza de su poder para con nosotros los que creemos, según la operación del poder de su fuerza».

En los versículos anteriores Pablo habla de la revelación del propósito de Dios desde antes de la fundación del mundo, revelación que recibió directamente de Jesús (Gálatas 1.12). En Efesios 3.8-10, añade:

> A mí, que soy menos que el más pequeño de todos los santos, me fue dada esta gracia de anunciar entre los gentiles el evangelio de las inescrutables riquezas de Cristo, y de aclarar a todos cuál sea la dispensación del misterio escondido desde los siglos en Dios, que creó todas las cosas; para que la multiforme sabiduría de Dios sea ahora dada a conocer por medio de la iglesia a los principados y potestades en los lugares celestiales (Efesios 3.8-10).

En el capítulo anterior hicimos una lista de las siete bendiciones que el Padre nos dio en Cristo. Estas bendiciones producen «buenas obras», las cuales demuestran la multiforme sabiduría de Dios a los principados y potestades en lugares celestiales. Es decir, todas estas bendiciones son para la Iglesia, y las buenas obras a que conducen son ejecutadas por la Iglesia. Cuando cumplimos con sus propósitos eternos, Dios se glorifica y engrandece ante la Iglesia, el mundo y las potestades en lugares celestiales, incluyendo ángeles buenos y seres de las tinieblas. Este concepto es glorioso para nosotros. Dios cumple su propósito en esta tierra exclusivamente a través de la Iglesia. Él es soberano y ha optado por hacerlo de esta manera. Si usted es parte de la Iglesia del Señor Jesucristo, la Biblia dice que Dios demostrará su poder, su sabiduría, sus buenas obras a través de su vida. Si usted es el único creyente en la familia, en el trabajo, en el barrio, Dios cumplirá su propósito exclusivamente a través suyo. Como dice Efesios 2.10: «Somos hechura suya, creados en Cristo Jesús para buenas obras, las cuales Dios preparó de antemano para que anduviésemos en ellas».

El Espíritu Santo en acción Gracias a Dios por los miles de hombres y mujeres que a través de los siglos se han dedicado por entero a la evangelización de nuestros pueblos. Pero en estos días estamos viendo un cambio en la Iglesia. Dios mismo está poniendo en su pueblo hambre de renovación. Muchos están cansados de la rutina, de las tradiciones, de las costumbres que han hecho seca y rígida la vida de la Iglesia. Sin embargo, no desean cambios externos de música, programas y estilos. La gente de Dios desea ser renovada. El mismo Espíritu Santo, que puso en Pablo el deseo de orar a favor de los creyentes en Éfeso, está haciendo lo mismo en el corazón de muchos creyentes. El Espíritu Santo está revelando lo que hay en el corazón del Padre, con todas las bendiciones espirituales que ha preparado en Cristo para la Iglesia.

Esta es la oración y este es el deseo que Dios ha puesto en mi corazón y en el de su gente:

1. *Deseamos recibir espíritu de sabiduría y de revelación en el conocimiento de Cristo.* No nos conformemos solamente con el conocimiento de Dios a través de lo que otros

nos han enseñado. Cuando se habla de ministerio, enseñanza, servicio cristiano, adoración, alabanza y oración,
casi siempre se habla de actividades que se desarrollan en
un culto, en el templo. Es tiempo que Cristo sea conocido
en todo aspecto de nuestra vida. El Espíritu Santo desea
mostrarnos la multiforme sabiduría de Dios en todo momento y aspecto de nuestra vida. El Espíritu Santo desea
mostrar que todo lo que hacemos debe ser hecho con la
sabiduría y la inteligencia de Dios. En el libro de los Hechos de los apóstoles, la mayoría de los milagros no fueron
realizados en las congregaciones de creyentes. Más del noventa por ciento fueron hechos en lugares de trabajo, en
el mercado, en la plaza central, en las calles.

Hace un tiempo, me encontré con una joven muy de-
dicada al Señor. Su trabajo era limpiar casas. Me contó
que había ayunado durante veintiún días. Le pregunté si
se había debilitado físicamente para realizar su trabajo de
limpieza. Me respondió que mientras ayunaba, el Espíritu
Santo le mostraba cómo limpiar la casa, incluso cómo debía manejar los pesados baldes llenos de agua. Esta joven
me dejó impresionado. En su trabajo, en sus amistades,
recibía la sabiduría de Dios. El Espíritu Santo la dirigía a
quién testificar, por quién orar, con quién desarrollar
amistades e incluso dónde conseguir las mejores ocasiones
para comprar ropa. Quizás usted suponga que esta joven
tiene una alta posición en la iglesia. ¿Sabe lo que hace?
Limpia el edificio y es muy feliz haciéndolo.

El Espíritu Santo está muy activo en toda la tierra.
Toda la tierra está llena de su gloria. Pero para cumplir
con el propósito de Dios aquí, Él necesita un instrumento,
un hijo o una hija para ejecutar las buenas obras que ha
preparado. Somos los únicos que pueden declararle al
mundo que somos salvos por gracia.

2. *Deseamos su luz para ver la esperanza a que Cristo nos
ha llamado.* Dios nos llamó por nombre. El creyente fue
llamado a cosas buenas que han sido preparadas de antemano para la gloria y honra de Dios.

En un día de reposo, Jesús entró en la sinagoga y se levantó a leer. Para esto le dieron el libro del profeta Isaías; al abrirlo halló el lugar donde estaba escrito este texto:

El Espíritu del Señor está sobre mí, por cuanto me ha ungido para dar buenas nuevas a los pobres; me ha enviado a sanar a los quebrantados de corazón; a pregonar libertad a los cautivos, y vista a los ciegos; a poner en libertad a los oprimidos; a predicar el año agradable del Señor (Lucas 4.18-19).

Hay muchos que hablan de cosas malas, pero Jesucristo vino a anunciar el evangelio de esta manera. Al citar Isaías 61.1 y 2, Jesús no menciona la frase «el día de la venganza del Dios nuestro». Y no la menciona porque ese día será en su Segunda Venida. Pero este es tiempo de hablar del año agradable, el año de jubileo. Cada cincuenta años, la ley del viejo pacto establecía que toda deuda debía ser cancelada y todo esclavo debía ser liberado sin excepción. Jesús estaba diciendo que esa palabra se estaba cumpliendo en ese mismo instante. Dios nos ha separado para anunciar, vivir, testificar y experimentar esa misma palabra con nuestros labios y con nuestros hechos.

3. *Deseamos ver y experimentar las riquezas gloriosas de la herencia de Cristo en sus vidas.* Todo lo que Dios nos desea dar ya lo tenemos. Ya poseemos toda la rica y gloriosa herencia de Cristo «en los santos». Usted me preguntará: «¿Dónde está?» Por esa razón Pablo ora que los creyentes en Éfeso no solo lo entiendan intelectualmente, sino que lo experimenten en sus vidas diarias. ¿Cuál es la herencia de Cristo? La hallamos definida en Efesios 1.20-23:

Resucitándole de los muertos y sentándole a su diestra en los lugares celestiales, sobre todo principado y autoridad y poder y señorío, y sobre todo nombre que se nombra, no solo en este siglo, sino también en el venidero; y sometió todas las cosas bajo sus pies, y lo dio por cabeza sobre todas las cosas a la iglesia, la cual es su cuerpo, la plenitud de Aquel que todo lo llena en todo.

La herencia de Cristo incluye:

a. Victoria sobre la muerte.

b. Lugar a la diestra del Padre.

c. Autoridad suprema sobre todo nombre y todo poder en los cielos, en la tierra y debajo de la tierra eternamente.

d. Todas las cosas están sometidas bajo sus pies.

e. Cabeza de la Iglesia, su cuerpo.

f. La Iglesia se llena de la plenitud de Cristo en la tierra.

Cristo no nos ha llenado simplemente de experiencias, sino de Él. Esta es también nuestra herencia. Tenemos victoria sobre la muerte. Estamos sentados con Cristo a la diestra del Padre, posición de suprema autoridad. Aunque no poseemos autoridad propia, se nos ha dado autoridad para ir usando el nombre que es sobre todo nombre, el nombre de Jesús.

Fue interesante la experiencia de los discípulos:

Volvieron los setenta con gozo, diciendo: Señor, aun los demonios se nos sujetan en tu nombre. Y les dijo: Yo veía a Satanás caer del cielo como un rayo. He aquí os doy potestad de hollar serpientes y escorpiones, y sobre toda fuerza del enemigo, y nada os dañará. Pero no os regocijéis de que los espíritus se os sujetan, sino regocijaos de que vuestros nombres están escritos en los cielos (Lucas 10.17-20).

Note que los espíritus demoníacos se sujetan a los enviados de Jesús. Todas las cosas están sujetas debajo de los pies de Cristo. *Él es la cabeza, y entre la cabeza y los pies está la Iglesia, el cuerpo.* Todas las cosas están también sujetas a la Iglesia. La Iglesia no es una denominación, ni una estructura, ni un templo. La Iglesia es usted, es toda persona que ha nacido de nuevo por el Espíritu Santo. Sus enemigos, el diablo con todo su ejército, están ya sometidos, derrotados.

Me asombran las experiencias del evangelista Carlos Annacondia, y me impresionan su sencillez y humildad. Cuando habla de la obra satánica, de la operación de los demonios y de diferentes sectas diabólicas, lo hace de una manera segura y tranquila, como si estuviera hablando de algo muy claro y fácil. Uno se siente impresionado por la autoridad espiritual de este hombre de Dios, al ver manifestaciones demoníacas suceder por el simple hecho de que ha comenzado a orar, o sencillamente porque ha entrado a un lugar. ¿Sabe por qué Carlos Annacondia es diferente? Porque ha recibido entendimiento y visión de la autoridad que todos tenemos. Jesús no le dio más autoridad a él que a usted. La diferencia es que Carlos Annacondia la ve, la entiende, la usa y la vive. Los grandes hombres y mujeres de Dios han reconocido su incapacidad y han tenido una visión real de quiénes son en Cristo. Sus ojos han sido alumbrados para ver las riquezas del llamamiento en sus vidas.

4. Deseamos ver en acción la supereminente grandeza del poder de Dios, la misma que se manifestó en la tumba de Cristo, resucitándolo de los muertos y sentándolo a su diestra en los lugares celestiales.

El mismo Espíritu Santo que vivificó al cuerpo muerto de Jesús, haciéndolo traspasar los cielos y sentarse a la diestra del Padre, mora en nosotros. Ese mismo Espíritu un día manifestará su gran poder y nos transformará, glorificando nuestro cuerpo, de corruptible a incorruptible (Romanos 8.11), y nos llevará en un abrir y cerrar de ojos a la presencia del Señor. Ese Espíritu no descenderá sobre nosotros en el arrebatamiento porque ya mora en nosotros.

¿Qué debemos hacer para que el poder del Espíritu se manifieste en nosotros? ¿Qué debemos hacer para que el Espíritu, el depósito, la garantía de nuestra herencia opere? ¿Qué debemos hacer para que las bendiciones que ya nos han sido dadas se hagan reales y visibles en nuestras vidas? La respuesta la encontramos en Romanos:

Así que, hermanos, deudores somos, no a la carne, para que vivamos conforme a la carne; porque si vivís conforme a la carne, moriréis; mas si por el Espíritu hacéis morir las obras de la carne, viviréis. Porque todos los que son guiados por el Espíritu de Dios, estos son hijos de Dios. Pues no habéis recibido el espíritu de esclavitud para estar otra vez en temor, sino que habéis recibido el espíritu de adopción, por el cual clamamos: ¡Abba, Padre! El Espíritu mismo da testimonio a nuestro espíritu, de que somos hijos de Dios. Y si hijos, también herederos; herederos de Dios y coherederos con Cristo, si es que padecemos juntamente con Él, para que juntamente con Él seamos glorificados (Romanos 8.12-17).

Simplemente: Vivamos conforme al Espíritu y no a la carne. En Gálatas capítulo 5, Pablo nos enseña que el Espíritu Santo produce *fruto* en nuestras vidas. Pero también nos enseña que la carne manifiesta *obras* como estas:

1. *Adulterio.* Relaciones sexuales ilícitas con una persona casada.
2. *Fornicación.* Relaciones sexuales fuera del ámbito matrimonial.
3. *Inmundicia.* Impureza moral, privada, secreta o pública.
4. *Lascivia.* Vicios, hábitos sexuales, hábitos paganos o mundanos.
5. *Idolatría.* Honor a cualquier cosa que usurpe el lugar que le pertenece a Dios.

6. *Hechicería.* Práctica ocultista que puede incluir el empleo de drogas.
7. *Enemistades.* Animosidades, peleas personales, desacuerdos que no se han resuelto.
8. *Pleitos.* Rivalidades, competencia.
9. *Celos.* Miedo a ser desplazado.
10. *Iras.* Emociones violentas, enojos explosivos.
11. *Contiendas.* Espíritu partidario.

12. *Disensiones* o divisiones. La palabra división está compuesta de dos palabras: *di*, que significa dos; y *visión*, que significa vista. División es cuando dos personas, que al parecer tienen una visión en común, ven lo opuesto y se separan.

13. *Herejías*. Errores en cuestiones de creencias.

14. *Envidias*. Dolor por ver que otros tienen lo que no tenemos.

15. *Homicidio*. Quitarle la vida a alguien. Gálatas 5.15 habla de creyentes que se muerden y se comen unos a otros. Pablo dice: «Mirad que también no os consumáis unos a otros». La lengua es muchas veces casi tan destructiva como un arma de fuego.

16. *Borracheras*. Embotamiento de los sentidos debido a la ingestión de alcohol.

17. *Orgías*. Fiestas inmorales, descontroladas.

La Biblia no dice que debemos eliminar las inclinaciones naturales de la carne, pero nos manda que no satisfagamos sus deseos. El secreto de la crucifixión de la carne es que debe tomar lugar en forma constante. Debemos continuamente ofrecer nuestros cuerpos como sacrificio vivo. Cuando no satisfacemos los deseos de la carne, el Espíritu Santo opera para que mueran. Así que caminemos en el Espíritu, no satisfaciendo a la carne y dependiendo de Él siempre.

Caminar en el Espíritu no es una fiesta, sino la batalla Espíritu contra la carne. El que diariamente camina en el Espíritu verá una constante manifestación del poder de Dios en su vida. El que satisface los deseos de la carne sembrará en la carne, cosechará corrupción y no verá la manifestación de las bendiciones espirituales en su vida. El que siembra en el Espíritu cosechará las manifestaciones de las bendiciones del Padre según Efesios capítulo 1, y verá la demostración de la esperanza de su llamamiento, las riquezas abundantes de su herencia y la grandeza del supereminente poder de Dios.

Dios nos ha llamado a cumplir este propósito a través de su vida y la mía. No espere que Dios lo haga a través de otro. Usted es hechura de Dios para la ejecución de sus planes. Somos llamados a caminar en el Espíritu, a sujetar principados y potestades en el nombre de Jesús y a demostrar la multiforme sabiduría de Dios a toda la creación. Ahora bien, posiblemente no sea usted un cristiano descuidado, sino más bien temeroso de Dios y se esmera por complacerlo. Ha desarrollado en su vida una rutina «cristiana» que algunas veces se vuelve aburrida y repetitiva. Tal vez no ha visto manifestaciones de las bendiciones que la Biblia declara que son suyas. El error más común en la vida del creyente no son los pecados más groseros. Nos cuidamos tanto del adulterio, de la fornicación, de las hechicerías, de las borracheras, de las orgías, que descuidamos los celos, el orgullo, las disensiones, los pleitos. Pasamos por alto que siempre tratamos de complacer a Dios con nuestros esfuerzos. No tenemos en cuenta que nuestra carne tratará de orar, adorar, alabar, estudiar la Biblia y servir en su propia fuerza.

Este es el secreto de la renovación. Caminar en el Espíritu en todo aspecto de nuestra vida, no solamente en nuestra vida moral, en nuestro comportamiento público, sino también en nuestro «ser interior». Nuestra relación con Dios puede corromperse y reducirse a ciertos comportamientos, conductas y tradiciones que por más admirables que sean, nos robarán la vitalidad y la renovación en el Espíritu.

Fíjese cómo opera esto en la vida real. En nuestra carne existe la inclinación a las contiendas. Estas surgen cuando pensamos que nuestro grupo, partido, comunidad o familia son mejores que otros. Es una inclinación que heredamos de Adán. La contienda es parte de la naturaleza pecadora. En nuestras vidas cristianas hemos aplicado este espíritu de contienda, actitudes denominacionales y conciliares a las disciplinas que hemos discutido en este libro. Históricamente hemos visto cómo muchas comunidades cristianas han cedido a la contienda y se han convencido de que la adoración y la alabanza de su comunidad es la verdadera y la única, que su interpretación bíblica, su manera de ministrar y su manera de orar es la correcta, la agradable a Dios. Esa actitud ha llevado a muchos a criticar, a despreciar y hasta a condenar a otras comunidades que sirven a Dios en otra forma. Asimismo, ha llevado a muchos a oponerse hasta al mismo término «renovación».

El pastor Juan José Churruarin, de Argentina, quien había sido parte de un movimiento de renovación en la década del setenta, me explicó que algunos de los que habían participado en ese movimiento se oponían a toda renovación posterior. Los que fueron renovados al comienzo de este siglo también rechazan la renovación de la Iglesia en la década del noventa. Piensan que cuando recibieron la renovación en el pasado, lo recibieron todo, sin excepción. Estos hermanos no están caminando en el Espíritu. Tienen inclinación a los pleitos y las rivalidades. Tienen inclinación a las divisiones. Muchos hasta se jactan de que «conservan» lo que recibieron años atrás. Recibieron la renovación que correspondía a aquella generación. Hoy hay una renovación nueva y fresca para todo aquel que la desee. *Cristo desea revelarse nuevamente y de otra manera.*

Luego de la muerte del Señor, los discípulos volvieron a su viejo oficio. Olvidaron que un día Jesús los había encontrado pescando y les había dicho que desde aquel momento ya no pescarían peces sino hombres. Los discípulos retrocedieron, volvieron a depender de sus esfuerzos para hallar el sustento. Jesús, el tierno Jesús, los sale a buscar. Al encontrarlos en el mar, no se enoja ni los reprende.

Y les dijo: Hijitos, ¿tenéis algo de comer? (Juan 21.5).

Jesús nunca los había llamado «hijitos». Esta es una expresión de afecto que un adulto puede dirigir a un niño. Quizás los discípulos creyeron que la persona que los estaba llamando era un viejo pescador de la región. Jesús simplemente les preguntó si sus esfuerzos humanos habían producido algún fruto. Los discípulos confesaron que aunque eran pescadores de profesión y experiencia, no habían tenido éxito. Nosotros tampoco lo tendremos si regresamos al mismo lugar donde Cristo nos encontró. No sé qué esperaban los discípulos de Jesús, pero no reconocieron aquella manifestación en particular, porque era nueva, diferente. Jesús, el amoroso Maestro, ordenó que echaran la red a la derecha de la barca. Cuando lo hicieron, sucedió un milagro. La red se llenó de peces. Esa manifestación sí la conocían. Habían visto al Señor manifestarse así anteriormente. La primera vez que se encontraron con Él, recibieron el mismo milagro de la pesca milagrosa (Lucas 5.1-11). Cuando vieron una manifestación conocida, se dieron cuenta de que era Jesús.

Hay discípulos de Jesús que todavía tienen esta misma tendencia. Piensan que Cristo se manifiesta igual que en el pasado. Todavía hay muchos que esperan que los avivamientos sean iguales. Se han escrito muchos libros acerca de los avivamientos del pasado. El Espíritu Santo soplará un poderoso avivamiento sobre la Iglesia con manifestaciones nunca antes vistas. Dios es el Dios de lo nuevo. Dios no se repite. La historia es bien conocida:

Al descender a tierra, vieron brasas puestas, y un pez encima de ellas, y pan[...] Les dijo Jesús: Venid, comed. Y ninguno de los discípulos se atrevía a preguntarle: ¿Tú, quién eres? sabiendo que era el Señor (Juan 21.9,12).

Renovación según Dios

El creyente que se renueva reconoce su debilidad carnal. Nuestra capacidad humana trata de conocer a Cristo y de complacer y servir a Dios. Tratamos de analizar, codificar, aprobar y organizar las manifestaciones de Cristo del pasado. Pero la única manera de conocerlo es a través de la obra del Espíritu Santo que renueva nuestro entendimiento en su conocimiento. Es necesario saber que nuestra carne luchará con el Espíritu que desea renovarnos en el conocimiento de Cristo todos los días. Quiere revelarnos nuevos aspectos de nuestro llamamiento, de las riquezas de nuestra herencia, del poder de Dios, de nuestra autoridad como hijos del Padre, el cuerpo de Cristo, su Iglesia. Por eso, como creyentes, reconocemos que no podemos complacer a Dios con nuestros esfuerzos ni con nuestras mejores intenciones. Esos esfuerzos deben ser crucificados y en cambio nos rendimos para que el Espíritu Santo produzca «frutos».

La herencia que está en nosotros, la Persona del Espíritu Santo, produce en nosotros lo siguiente:

1. *Amor*. La habilidad de dar sin esperar recompensa ni remuneración.

2. *Gozo*. Una profunda seguridad en medio de las dificultades y pruebas.

3. *Paz*. Silencio y tranquilidad en cuanto a Dios y en cuanto a todos.

4. *Paciencia*. La habilidad de sufrir aunque sea por mucho tiempo y esperar la solución.

5. *Benignidad*. Suavidad de palabra, gentileza.

6. *Bondad*. Hacer el bien.

7. *Fidelidad*. Ser consecuente, seguro y confiable.

8. *Mansedumbre*. Antes de herir, permitir que lo hieran a uno.

9. *Templanza*. Control de su temperamento.

En Romanos, Pablo nos enseña que las riquezas, la sabiduría y la ciencia de Dios son profundas. Sus juicios son insondables, no se pueden analizar; sus caminos son inescrutables, no se pueden investigar. El apóstol declara:

Porque de Él, y por Él, y para Él, son todas las cosas (Romanos 11.36).

En el capítulo siguiente, Pablo concluye:

Así que, hermanos, os ruego por las misericordias de Dios, que presentéis vuestros cuerpos en sacrificio vivo, santo, agradable a Dios, que es vuestro culto racional. No os conforméis a este siglo, sino transformaos por medio de la renovación de vuestro entendimiento, para que comprobéis cuál sea la buena voluntad de Dios, agradable y perfecta. Digo, pues, por la gracia que me es dada, a cada cual que está entre vosotros, que no tenga más alto concepto de sí que el que debe tener, sino que piense de sí con cordura, conforme a la medida de fe que Dios repartió a cada uno (Romanos 12.1-3).

Después de reconocer nuestras inclinaciones carnales y el haber querido agradar a Dios por esfuerzos humanos, viene el próximo paso. Mi deseo era no ser semajante al mundo. Pero ahí terminaba todo. Gastaba mis energías en «no ser mundano». Pero esta es la mitad de nuestra vida cristiana. En la epístola a los Colosenses, Pablo nos exhorta a despojarnos del hombre viejo. Apenas nos convertimos, de inmediato se nos exhorta a dejar las costumbres de la vida antigua. Pero muy pocos nos enseñan cómo dar el próximo paso. Pablo nos enseña a vestirnos de Cristo, del nuevo hombre.

En Romanos 12 se nos exhorta a transformarnos por la renovación de nuestro entendimiento. La palabra transformación en griego es *metamorfosis*. Usada así mismo, denota el proceso de un gusano que se transforma en mariposa. ¿Cómo somos transformados? Por la renovación de nuestro entendimiento y por la renovación en el conocimiento y la experiencia de Cristo. Así podremos comprobar la voluntad de Dios.

¿Se preguntó alguna vez cuál es la voluntad de Dios en su vida? No me refiero a la voluntad de Dios acerca de situaciones diarias, sino al propósito de Dios con su vida. El apóstol lo define así:

Y ciertamente, aun estimo todas las cosas como pérdida por la excelencia del conocimiento de Cristo Jesús, mi Señor, por amor del cual lo he perdido todo, y lo tengo por basura, PARA GANAR A CRISTO[...] a fin de conocerle, y el poder de su resurrección, y la participación de sus padecimientos, LLEGANDO A SER SEMEJANTE A ÉL EN SU MUERTE[...] Hermanos, yo mismo no pretendo ya haberlo alcanzado; pero una cosa hago: olvidando ciertamente lo que queda atrás, y extendiéndome a lo que está delante, prosigo a la meta, al premio del supremo llamamiento de Dios EN CRISTO JESÚS (Filipenses 3.8,10,13,14, énfasis añadido).

Pablo describe el propósito de Dios en su vida como una «meta». Esta meta es un premio, el supremo llamamiento de Dios, el cual está «en Cristo» y es «ganar a Cristo», llegar a ser semejante a Él. En la epístola a los Gálatas lo explica así.

Hijitos míos, por quienes vuelvo a sufrir dolores de parto, hasta que CRISTO SEA FORMADO EN VOSOTROS (Gálatas 4.19, énfasis añadido).

Este es el propósito de Dios en nuestras vidas. El Espíritu Santo mora en nuestras vidas para que Cristo Jesús sea formado en nosotros. El Espíritu Santo nos transformará a la imagen y semejanza de Jesús haciéndonos pasar por la experiencia de muerte, de dolor y de total dependencia en nuestro Padre. Durante esas experiencias de humillación, de despojo personal, de pobreza espiritual, dependiendo totalmente de nuestro Padre, aprenderemos a ser como Jesús. Pero como me sucedió a mí, esta experiencia siempre termina en la manifestación del poder de la resurrección. Dios nos exaltará y levantará nuestra cabeza. Así podremos vivir las palabras del apóstol Pablo:

Haya, pues, en vosotros este sentir que hubo en Cristo Jesús.

[...] se despojó a sí mismo tomando FORMA de siervo

[...] y estando en FORMA de hombre, se humilló a sí mismo haciéndose obediente hasta la muerte y muerte de cruz.

Por lo cual Dios también lo exaltó hasta lo sumo (Filipenses 2.5,7,8,9).

El propósito de Dios es que seamos como su Hijo, Jesús, el autor y consumador de nuestra fe. ¿Qué es la renovación? Es la continua obra del Espíritu Santo que nos transforma para parecernos más a Jesús.

Haced morir, pues, lo TERRENAL en vosotros[...] habiéndoos DESPOJADO del hombre viejo con sus hechos, y REVESTIDO del nuevo, el cual conforme a la imagen del que lo creó se va RENOVANDO hasta el conocimiento pleno, donde no hay griego ni judío, circuncisión ni incircuncisión, bárbaro ni escita, siervo ni libre, sino que CRISTO ES EL TODO y en todos (Colosenses 3.5,9,10,11, énfasis añadido).

Sí, hemos recibido toda bendición espiritual en lugares celestiales en Cristo. Hemos sido revestido de esa nueva criatura. Pero esto simplemente es el comienzo. Todavía hay actitudes y razonamientos carnales, terrenales. El creyente que se renueva muere a lo terrenal en su vida y es renovado a lo celestial para que Cristo sea TODO en su vida. Como cristianos podemos adorar, alabar, orar, escudriñar las Escrituras y hasta servir a Dios con motivaciones terrenales. La renovación no significa cambiar costumbres viejas por nuevas. La renovación toma lugar cuando:

1. Buscamos las cosas de arriba donde está Cristo.
2. Ponemos la mira en las cosas de arriba no en las de la tierra.
3. Morimos a las cosas de la tierra.
4. Somos renovados según el modelo de Jesús.

En la adoración, discernimos la persona del Padre y su maravilloso plan: que seamos como su Hijo. En la adoración contemplamos la gloria de Dios en Cristo, demostrada en su amor y su gracia. Contemplamos la gloriosa «imagen», la hermosa «forma» de Jesús. Este proceso no tiene fin. Siempre estaremos adorando a Dios, discerniendo quién es Él. El cielo será una continua y eterna revelación de Dios.

En la alabanza, discernimos la victoria y la seguridad de sus promesas, las cuales son sí y Amén en Cristo. Este proceso es continuo. Cuanto más pruebas, más alabanzas. En la oración, discernimos los deseos y propósitos de Dios para nuestra vida. En la oración deseamos, pedimos y recibimos la transformación, la respuesta, el cambio a su imagen. Este proceso será continuo mientras estemos en la tierra. Cuando lleguemos al cielo, no tendremos necesidad de ser cambiados porque ya habremos sido transformados en un «abrir y cerrar de ojos». El cielo es el pleno cumplimiento de los propósitos de Dios.

En el estudio de la Palabra de Dios, discernimos la voz de Dios, la Palabra iluminada que es lámpara para nuestro diario vivir. La Biblia no es simplemente un libro, un texto; es la revelación de una persona y su nombre es Jesucristo, el Hijo de Dios. Cuando lleguemos al cielo, estaremos en la presencia gloriosa de la Palabra Viva, el Alfa y la Omega.

En el servicio, discernimos que somos el canal de Dios para bendición a otros. En el ministerio somos de bendición de acuerdo a la vida, al poder y a la virtud de Cristo en nosotros. No somos nosotros, sino que la transformación interna que el Espíritu Santo ha realizado se manifiesta para beneficiar a otros. Este proceso es continuo mientras estemos rodeados de necesidades y de necesitados. Al llegar al cielo, el Señor enjugará toda lágrima y no habrá necesidad de que nos ministremos unos a otros.

La última gloria La adoración y la alabanza son las únicas dos actividades que nunca cesarán. En conclusión, Dios está guiando a su pueblo a una renovación espiritual diaria. No estoy hablando de la renovación de ciertas actividades, de ciertas disciplinas. Estoy hablando de la renovación de nuestro entendimiento en el conocimiento de Él. Posiblemente habrá quien piense que ya no necesita conocer más de Cristo, que ya ha recibido todo el conocimiento y la revelación. Dios no desea que adoptemos esa actitud. En el Antiguo Testamento le extiende a su pueblo una invitación a la renovación. Los israelitas habían llegado a esa actitud orgullosa y vana.

Así ha dicho Jehová, que hizo la tierra, Jehová que la formó para afirmarla; Jehová es su nombre (Jeremías 33.2).

Antes de exhortar al pueblo a renovarse, Jehová les recuerda que Él es eterno, todopoderoso y omnisciente. El hombre es muy limitado en su conocimiento de Dios.

Clama a mí, y yo te responderé, y te enseñaré cosas grandes y ocultas que tú no conoces (Jeremías 33.3).

Estas son las cosas grandes que Dios quiere mostrar según Jeremías 33:

He aquí que yo les traeré sanidad y medicina; y los curaré, y les revelaré abundancia de paz y de verdad. Y haré volver los cautivos de Judá y los cautivos de Israel, y los restableceré como al principio (vv. 6-7).

A los heridos, descarriados y apartados, Dios no solo los traerá, sino que los sanará y los devolverá con paz y verdad, restaurándolos como eran antes de apartarse.

Y me será a mí por nombre de gozo, de alabanza y de gloria, entre todas las naciones de la tierra, que habrán oído todo el bien que yo les hago; y temerán y temblarán de todo el bien y de toda la paz que yo les haré (v. 9).

Esta obra de Dios en su pueblo será vista y oída por todos. Las naciones temblarán, no por los juicios, sino por la gran misericordia y los grandes milagros que Dios hará en la tierra a través de su pueblo.

Ha de oírse aún voz de gozo y de alegría, voz de desposado y voz de desposada, voz de los que digan: Alabad a Jehová de los ejércitos, porque Jehová es bueno, porque para siempre es su misericordia; voz de los que traigan ofrendas de acción de gracias a la casa de Je-

hová. Porque volveré a traer los cautivos de la tierra
como al principio, ha dicho Jehová (v. 11).

La voz de los creyentes cambiará. La música de la Iglesia cambiará. No se oirán más quejas, dolores ni expresiones de incertidumbres. Dios cambiará nuestras voces de
tristeza a voces de alegría y gozo. La Iglesia declarará al
mundo entero que Dios es digno de alabanza, porque Satanás ha tenido que devolver todo lo que había robado,
todas las almas que había aprisionado. Cuando todo el
mundo esté desierto y las calles estén asoladas, los creyentes serán los únicos que se regocijarán.

> Así dice Jehová de los ejércitos: En este lugar desierto,
> sin hombre y sin animal, y en todas sus ciudades, aún
> habrá cabañas de pastores que hagan pastar sus gana-
> dos[...] aún pasarán ganados por las manos del que los
> cuente, ha dicho Jehová (vv. 12-13).

En días de crisis económica, los creyentes serán los
únicos que tendrán abundancia en sus hogares.

> He aquí vienen días, dice Jehová, en que yo confirmaré
> la buena palabra que he hablado a la casa de Israel y
> a la casa de Judá. En aquellos días y en aquel tiempo
> haré brotar a David un Renuevo de justicia, y hará jui-
> cio y justicia en la tierra (vv. 14-15).

Dios promete confirmar la buena palabra, no una palabra negativa y de desastre. Esta palabra será confirmada
cuando aparezca el Hijo de David, el Renuevo, el Renovador, y su nombre es Jesús, de la casa de Israel, de la
tribu de Judá. Toda la palabra buena que Dios ha hablado
desde el principio se confirmará en la casa del Renuevo,
la Iglesia del Señor Jesucristo.

> Porque así dice Jehová de los ejércitos: De aquí a poco
> yo haré temblar los cielos y la tierra, el mar y la tierra
> seca; y haré temblar a todas las naciones, y vendrá el
> Deseado de todas las naciones; y llenaré de gloria esta
> casa, ha dicho Jehová de los ejércitos. Mía es la plata,
> y mío es el oro, dice Jehová de los ejércitos. La gloria

postrera de esta casa será mayor que la primera, ha
dicho Jehová de los ejércitos; y daré paz en este lugar,
dice Jehová de los ejércitos (Hageo 2.6-9).

La gloria que vendrá sobre la Iglesia antes que Cristo
regrese será mayor que la primera. La primera gloria de-
rramada sobre la Iglesia fue en el aposento alto, el día de
Pentecostés. La última gloria será mayor que la del día
de Pentecostés. En aquel día, Pedro explicó que con el derramamiento del Espíritu sobre toda carne se estaba cumpliendo la profecía de Joel, quien habla de la lluvia
temprana y de la lluvia tardía. La lluvia temprana desciende antes de la siembra. La tardía desciende antes de
la cosecha, varios meses después de la siembra, cuando el
campo está blanco para cosechar.

Vosotros también, hijos de Sion, alegraos y gozaos en
Jehová vuestro Dios; porque os ha dado la primera lluvia a su tiempo, y hará descender sobre vosotros lluvia
temprana y tardía como al principio. Las eras se llena-
rán de trigo, y los lagares rebosarán de vino y aceite.
Y os restituiré los años que comió la oruga, el saltón,
el revoltón y la langosta, mi gran ejército que envié
contra vosotros (Joel 2.23-25).

Sucederá en aquel tiempo, que los montes destilarán
mosto, y los collados fluirán leche, y por todos los arro-
yos de Judá correrán aguas; y saldrá una fuente de la
casa de Jehová (Joel 3.18).

La última gloria que se manifestará, será sobre la Iglesia que nació en el aposento alto. Esa fue la lluvia temprana. Allí se sembró la cosecha. Vienen días de gran
cosecha para la Iglesia como nunca antes ha visto la historia. La lluvia temprana y la tardía descenderán juntas.
Esto significa que sembraremos y cosecharemos al mismo
tiempo. Por eso, la Biblia dice que los montes destilarán
mosto. No habrá necesidad de esperar que los frutos ma-
duren. Apenas se siembre la semilla, se madurará y se
cosechará rápidamente. ¿Por qué? Porque en la Iglesia habrá una fuente y en la vida de cada creyente correrán arro-

yos de esa misma agua, el agua de la lluvia temprana y tardía que descenderá del cielo.

Esto no es simplemente para regocijarse. Esto es para crear expectativa, para que desde ahora se comience a alabar a nuestro Dios. Esto es para declararlo a los principados, al mundo, a nuestros amigos que hace tiempo han oído el testimonio de la salvación, a nuestros seres queridos que todavía no han aceptado a Cristo. Su día de salvación viene. Usted será el sembrador y el cosechador. Y después de todo esto, vendrá el Señor a buscar a los suyos. La Iglesia no se irá de esta tierra derrotada y débil, sino gloriosa, victoriosa y renovada. Esta promesa no es para un grupo escogido de supercristianos. ¡Esta promesa es para usted! Dios cumplirá su propósito y su voluntad a través de su vida y la mía.